Wilhelm Franz Exner

Das k.k. polytechnische Institut in Wien, seine Gründung,

seine Entwickelung und sein jetziger Zustand

Wilhelm Franz Exner

Das k.k. polytechnische Institut in Wien, seine Gründung,
seine Entwickelung und sein jetziger Zustand

ISBN/EAN: 9783744616287

Hergestellt in Europa, USA, Kanada, Australien, Japan

Cover: Foto ©ninafisch / pixelio.de

Weitere Bücher finden Sie auf **www.hansebooks.com**

Das

k. k. polytechnische Institut

in Wien,

seine Gründung, seine Entwickelung

und

sein jetziger Zustand.

Von

Wilhelm Franz Exner.

WIEN 1861.

Druck und Verlag von Friedr. Förster & Brüder.

Das

k. k. polytechnische Institut

in Wien,

seine Gründung, seine Entwickelung

und

sein jetziger Zustand.

Von

Wilhelm Franz Exner.

WIEN 1861.
Druck und Verlag von Friedr. Förster & Brüder.

Seinen ehemaligen Kollegen

den

Herren Hörern

am

k. k. polytechnischen Institute

in Wien

im Studienjahre 1860—61,

als ein geringer Beweis seiner Kollegialität

herzlich gewidmet

vom

Verfasser.

Vorwort.

Zwei Veranlassungen bestimmten mich zur vorliegenden Arbeit. Erstens glaubte ich mit derselben einem Wunsche eines bedeutenden Theiles des auf Intelligenz Anspruch machenden Publikums, einem Wunsche aller Techniker nachzukommen; zweitens war es mein eigener Wunsch, meinen Kollegen, durch deren Freundschaft und Vertrauen ich wiederholt ausgezeichnet wurde, ein Zeichen meiner Dankbarkeit zu widmen. Was gäbe es in letzterer Hinsicht wol passenderes, als Ihnen die Frucht einer monatelangen Mühe zu weihen; was angemesseneres zum Thema, als der Ort, an dem wir uns kennen lernten, an dem wir die Blütezeit unseres Lebens zubrachten, die Anstalt, der wir so vieles verdanken und für deren Ehre zu wirken mir als schönstes Lebensziel erscheint.

Aus dieser Andeutung der Veranlassungen folgt, dass ein ausführliches oder gar erschöpfendes, statistisch-historisches Werk nicht geboten wird, wozu eine vollständige Ausbeutung der Archive, viel Unterstützung und ein sehr grosser Zeitaufwand erforderlich gewesen wären. Es handelte sich blos darum, meinen lieben Kollegen und dem nicht unbedeutenden Theile des Publikums, welcher Interesse an diesem Gegenstande findet, eine kurze Darstellung des wichtigsten und interessantesten zu liefern, deren Lesung nicht ermüdet, die aber dennoch weder oberflächlich noch subjektiv gehalten ist.

Die vorliegende Abhandlung theilt sich in drei Abschnitte, die Gründung, die Entwicklung und den jetzigen Zustand des polytechnischen Institutes darstellend. Eine Begründung dieser Abtheilung ist, wie ich glaube, überflüssig, denn der Leser wird sie ohnedies gerechtfertigt finden.

Der erste Abschnitt und der letzte übertrafen den zweiten an Schwierigkeit. Der erstere, weil die Grenze zwischen dem wesentlichen und unwesentlichen einerseits und dem merkwürdigen und uninteressanten andererseits nicht leicht zu ziehen ist; der letztere, weil es mich Ueberwindung kostete, meinem Vorsatz getreu auch diesen vollkommen objektiv zu halten. Indessen hoffe ich, dass der nachsichtige Leser meinen Fleiss nicht verkennen wird.

Was die Quellen anbelangt, so sind diese ausser den von Prechtl redigirten Jahrbüchern des polytechnischen Institutes, welche vielseitig benutzt wurden, überall angegeben oder angedeutet.

Bei dieser Gelegenheit fühle ich mich verpflichtet, dem Skriptor der Institutsbibliothek, Herrn Dr. A. Foregg, für seine grosse Bereitwilligkeit meinen wärmsten Dank auszusprechen.

Im Juli 1861.

W. F. Exner.

Erster Abschnitt.
Die Gründung des polytechnischen Institutes.

Je mehr auf einem gewissen Flächenraum die Bevölkerung und mit ihr die Zal und Mannigfaltigkeit der Bedürfnisse steigt, desto weniger reicht der Landwirtschaftsbetrieb zur Befriedigung der vermehrten und gesteigerten Bedürfnisse aus, und zwar um so weniger, wenn nicht eine Wechselbeziehung zwischen der Urprodukzion und der Gewerbskultur in dem verhältnismässigen Grade begründet ist.

Dieses gehörige Wechselverhältnis ist daher eine unentbehrliche Bedingung der Volkswolfart in einer vorgeschrittenen Zeitperiode, und die Geschichte bietet ausser ihren sonstigen Lehren der Staatsweisheit auch für die eine lange Reihe von Beispielen dar, dass blos Ackerbau und Viehzucht treibende Völker stets auf einem niedern Stande der Kultur, blos Industrie pflegende stets auf einem prekären Standpunkte der Macht und Gesittung stehen bleiben und nur bei einer glücklichen Harmonie zwischen beiden Elementen der Blütezustand der Völker zu finden ist.

Die gewaltigen Veränderungen der sozialen Einrichtungen am Ende des vorigen Jahrhunderts, die in ihrem Gefolge eingetretenen grossen Staatsumwälzungen konnten nur zeitweise die Entwickelung dieses zur Volkswolfart unentbehrlichen Wechselverhältnisses hemmen. Wir bemerkten mit Verwunderung die gewaltige Rückwirkung der Industrie auf die Ausbreitung und Vervollkommnung der Landwirtschaft im Westen von Europa und sahen mit Schauder die Gefahr, durch die bei dieser günstigen Wechselwirkung sich entwickelnde Kraft der westlichen Nazionen, — von diesen ganz abhängig zu werden.

Ein gewerbfleissiges Land vergrössert, wenn ihm dazu nicht die geografischen Bedingungen fehlen, auf jene Art seine Bevölkerung, seinen nutzbringenden Flächenraum und sein Geldkapital und bietet der Staatsverwaltung unerschöpfliche Hilfsquellen dar. Und daher kam es auch, dass ein Staat wie England von nur 1400 Quadratmeilen Flächenraum in der Reihe der Grossmächte nicht nur erscheint, sondern auch eine bedeutend wichtigere Rolle spielt als der russische Koloss von nahe 400000 Q. M.

„Die Gewerbsindustrie, erzeugt durch die gesteigerten Bedürfnisse der Menschen im verfeinerten geselligen Zustande, entwickelt aber auch den menschlichen Erfindungsgeist in tausend verschiedenen Abänderungen; nichts ist im menschlichen Leben so rauh, was sie nicht annehmlich zu machen, keine Last so schwer, die sie nicht zu erleichtern vermöchte."

Doch was kann allein die Nazionalindustrie sicher entwickeln und schnell ausbreiten nach allen ihren unzäligen Richtungen? Was ist somit die Basis des Nazionalwolstandes und die Bürgschaft für dessen Bestand und Vergrösserung? **Die Wissenschaft.**

Wenn sich auch die meisten Gewerbe durch die in Ausübung derselben gemachten Erfahrungen, also empyrisch herangebildet haben; — wie viele Jahrhunderte mussten vorübergehen um sie durch planloses herumirren und versuchen auf einen nur unvollkommenen Standpunkt zu bringen. Wer vermag zu bestimmen, auf welcher Kulturstufe sich der Mensch heute befände, hätte die Weltgeschichte gestattet, dass jener hundertjährige Aufwand von Geduld und Arbeit durch wissenschaftliche Bildung wäre geleitet worden *).

Oesterreich war nicht der letzte Staat, der zur Einsicht der Wahrheit kam. Auch die Regierung zeigt schon früh Spuren von dem Streben auf die Gewerbe und durch diese auf die Werterhöhung der Landesprodukte einzuwirken. Dass man für die Agrikultur an und für sich zu sorgen für notwendig fand, beweist die

---

*) Le pratique ne saura marcher vers la véritable perfection sans le flambeau de la théorie.   Poncelet.

Errichtung der Lehrkanzel für Landwirtschaft an den Universitäten, die Gründung der Landwirtschaftsgesellschaften u. a. m. Eine gehaltvollere Form erhielten diese Bestrebungen, indem Kaiser Franz I. die neugeschaffene Grosshandlungssteuer im Jahre 1803 zur Bildung eines Grundkapitals für ein allgemeines technisches Institut bestimmte. Die Idee, den Gewerben, Künsten und dem Handel durch eine grossartige Anstalt aufzuhelfen war zu dieser Zeit noch an wenig Orten gefasst worden, — noch nirgends als in Paris zur Ausführung gekommen.

Galt auch die école polytechnique nicht als Muster für die neue Einrichtung des polytechnischen Institutes, so wirkte doch dieses Beispiel sehr bedeutend auf die Gestalt der ältesten deutschen Schöpfung dieser Art in Prag und also auch mittelbar etwas auf die Bildung unseres projektirten Institutes ein. Es dürfte daher ganz passend sein, hier einige Worte über das Inslebentreten und den damaligen Zustand der école politechnique zu sagen *).

Den 16. Dezember 1800 erschien mit Nr. 338 des Bulletin des Lois im Namen der französischen Republik ein Gesetz, betreffend die seit dem Jahre 1795 nach dem Plane Monge's betsehenden Einrichtung der polytechnischen Schule, welches also beginnt:

„Die Versammlung des Rathes der Alten, geschaffen durch „das Gesetz vom 10. November 1800, die Gründe der drin„genden Erklärung, welcher der nachfolgenden Entschei„dung voranging annehmend, bestätigt jene dringende Akte" **).

Im ersten Titel dieses Gesetzes (allgemeine Anordnungen enthaltend) heisst es:

„Die polytechnische Schule ist dazu bestimmt, die Kenntnis „der mathematischen, fisikalischen und chemischen Wissen„schaften, sowie die grafischen Künste zu verbreiten und insbe„sonders für die unten angegebenen Fachschulen vorzubereiten.

---

*) Literatur: Histoire de l'école polytechnique par M. de Tourey, Journal de l'école p. 19. Cahiers, Correspondence par Hachette.

**) La commission du Conseil des Anciens, créée par la loix du 19 brumaire, an VIII, adoptant les motifs de la déclaration d'urgence qui précède la resolution ci aprés, approuve l'acte d'urgence.

„Diese Fachschulen bilden für den öffentlichen Dienst bei der „Feld- und Seeartillerie, für das Génie militaire, für den Stras„sen- und Brückenbau, für die Schiff- und Marine-Baukunst und „für das Geografenkorps heran."

Die 300 Zöglinge, welche nach strengen Prüfungen zugelassen worden (von 1794—1816 sind von 9868 Bewerbern nur 4207 aufgenommen worden), haben sich in dem zweijährigen Kurse die reine und angewandte Mathematik, die beschreibende Geometrie, die allgemeine Fisik, die Chemie und das Zeichnen in der grössten Ausdehnung anzueignen *). Die didaktischen Fragen über Vervollkommnung der Schule löste ein eigens ernannter Rath (conseil de perfectionnement); derselbe bildete auch einen Theil der Prüfungskommission.

Die Disziplin war streng militärisch, die Zöglinge hatten Rang und Gehalt eines Artillerie-Sergeanten.

Die Anstalt ward reich ausgestattet; 13 Lehrer (instituteur) und drei Beamte waren angestellt.

Der Titel XI endlich regelt die Beziehung zwischen der école polytechnique und den écoles d'application des services publics. Damals: Châlons, Artillerie; Metz, Génie-militaire und Paris, Ponts et chaussées et géographes.

Der eigentliche Verfasser des Gesetzes ist nicht bekannt. Gezeichnet ist dasselbe von Jaquelmont, Villetard, Fregeville, Regnier, Rousseau, Vernier, Napoleon, Roger Ducas und Hieyes.

Das junge Institut blühte rasch empor und übte bald einen gewaltigen Einfluss auf den öffentlichen Dienst und auf die exakten Wissenschaften s e l b s t aus. Das Ausland und Frankreich verkannte dies nicht. Vor der endgiltigen Organisazion im Jahre 1798 studirte Napoleon Chemie unter Bertholet an der école.

Nachdem sie wegen Insubordinazion der Zöglinge einmal geschlossen werden musste, wurde sie vom Könige Louis durch eine Ordonnanz vom 4. September 1816 reaktivirt.

Sie wurde unter das Protektorat des Herzogs von Angoulême

---

*) Titel II, III.

gestellt; der Studienplan beibehalten; jedoch die militärische Zucht aufgegeben, eine Taxe von 1000 Franken jedem Zöglinge auferlegt und mehrere neue Professeurs angestellt. Seit dieser Zeit bis jetzt erfreut sich die école polytechnique verdientermassen eines ausgezeichneten Rufes.

Ausser dieser allgemein wissenschaftlichen technischen Anstalt und den höheren Fachschulen gibt es in Frankreich auch Gewerbeschulen im engsten Sinne des Wortes. Die älteste ist jene von Châlons sur Marnes, welche seit dem 6. Ventose, eilftes Jahr der Republik (1803), besteht. Diese Schule und die von Angers erhielten ihre Neugestaltung auch unter Louis (1817); sind aber bei weitem nicht so vorzüglich und mustergiltig als die besprochene école polytechnique.

In England war schon um das Jahr 1800 die Industrie und natürlich auch der Handel auf einer verhältnismässig sehr hohen Stufe. Nicht durch Lehranstalten, Museen, gelehrte Gesellschaften u. dgl. war sie so hoch gestiegen. Es ist bekannt, dass die ausgezeichnete horizontale Gliederung Englands, seine Weltlage, sein vortrefflicher Boden, sein unerschöpflicher Schatz an Kohle und der erhebliche Reichtum an Eisen, die freie segensreiche Verfassung und endlich der eigentümliche Charakter der Nazion, die Momente sind, welche den Reichtum Englands begründet haben. Nichts destoweniger war es gewiss die Wissenschaft, welche die rapiden Fortschritte vermittelte. Wenn auch nicht in öffentlichen, allgemein zugänglichen Instituten, wenn auch nicht durch Zeitschriften im grossen Massstabe, aber umsomehr durch den unermüdlichen Fleiss in den einzelnen Etablissements. Nicht blos die Erfindung ist privilegirt, sondern auch gleichsam die Mittheilung der Wissenschaft. „Und wenn auch, wie die unentwickelte Industrie die Wirksamkeit der Schule nicht kennt, die gesteigerte derselben nicht bedarf; so hat doch nicht sowol das Bedürfnis als die höhere Absicht Belehrung allenthalben zu verbreiten in Ländern mit hochgesteigerter Industrie zur Errichtung von Gewerbeschulen getrieben" *).

---

*) Ueber polytechnische Institute im Allgemeinen und über die Er-

Dies geschah in England auch aber erst längst nachdem Oesterreich drei Techniken besass. Die Mecanics Institution in Glasgow, die älteste, wurde im Jahre 1820 eröffnet. Aehnliche kleinere und sehr unvollkommene Schulen folgten in Edinburg, Manchester, Leeds, Liverpool etc. Erst im Jahre 1824 wurde in London eine derartige Schule errichtet wozu im Jahre 1825 ein Aufruf an die Handwerker erging, der die wahren und für England charakteristischen Worte enthält (Mecanics Magazine I. page 99): „Die Erziehung eines freien Volkes so wie sein Vermögen wird am besten besorgt, wenn sie in seiner eigenen Hand liegt. Wenn sich die Regierung einmengt, so richtet sie ihr Augenmerk mehr darauf, dass sie das Volk gehorsam und gelehrig als dass sie es weise und glücklich macht." Aehnlich äussert sich auch Desberger.

Trotz der Mangelhaftigkeit dieser Anstalten erfreuten sie sich einer sehr grossen Theilnahme. Gleich nach der Gründung der Londoner Institution enthielt sie 1500 Mitglieder.

Sehr interessant ist die Aeusserung Desberger's über England in dieser Beziehung in seiner vorzüglichen Schrift vom „öffentlichen Unterricht":

Der Zustand Englands ist ein künstlicher, der zwar keineswegs den Keim schneller Vergänglichkeit in sich trägt, der aber doch auf eine so eigenthümliche Art herbeigeführt wurde, dass allen Nazionen wol der Erfolg wünschenswerth bleibt, dass aber in Bezug auf die Mittel keine Nachahmung stattfindet, sondern jede Nation ihren eigenen Weg zu gehen hat.

England hat demnach, obwol in der Industrie weit voran, in der Errichtung von Lehranstalten zur Beförderung jener dem übrigen Europa kein Beispiel gegeben, Frankreich eben nur in der angedeuteten Weise. Wien hat also gemeinsam mit Prag die Ehre, zuerst nach Paris und kurze Zeit darnach an die Gründung

---

weiterung der technischen Schule in Nürnberg iusbesondere, mit einem Anhange die Einrichtung der polytechnischen Anstalten zu Prag, Wien und Berlin betreffend, von Dr. Friedr. Bened. Wilh. Hermann. 1826.

einer polytechnischen Anstalt gedacht zu haben. Dieser Gedanke, welcher, wie gleich näher beleuchtet werden wird, eher in Prag als in Wien zur Ausführung kam, dieser Gedanke in seiner Verkörperung weckte das übrige Mitteleuropa; viele Nachbarstaaten wurden durch die Erfolge früher oder später angeregt, denselben Weg zu betreten und dem ähnliches zu schaffen, was in Prag und Wien bereits bestand. *) Einige von den in der Folge entstandenen Anstalten benützten dann die gemachten Erfahrungen und wurden sogar in mancher Beziehung vorzüglicher als das Original.

Mitteleuropa hat somit alle Ursache, in dieser sehr wichtigen Angelegenheit Oesterreich gegenüber dankbar zu sein. Es ist dies, wie ich glaube, der Mühe werth, besonders hervorgehoben zu werden.

Kehren wir nun zur Grosshandlungssteuer zurück. Diese entschlief selig im Jahre 1810 am 1. November in die allgemeine Erwerbsteuer und das bis zu dieser Epoche zusammengeflossene Kapital vermehrte sich nun nur durch seine Zinsen.

Schon vor der Widmung der Grosshandlungssteuer zum besagten Zwecke, und während ihrer Lebensdauer ist verschiedenes auf die Gründung unseres p. I. bezügliches vorgefallen.

Im Jahre 1795 entstand die von Kaiser Franz I. eingesetzte k. k. Studienrevisionskommission. **) Der Präsident derselben Graf Rothenhan berief den wegen seiner technischen Kenntnisse bereits berühmten Professor an der Prager Universität Franz Joseph Gerstner als Beirath nach Wien. Der in seiner Jugend vom Schicksal hart geprüfte Mann, trefflich ausgebildet in vielen Wissenschaften und Gewerben, wurde in seiner neuen Stellung zum Referenten für die naturwissenschaftlichen Studien gemacht. Darunter verstand man namentlich Fisik, Naturgeschichte, fisische Erdbeschreibung, Mathematik, Landwirtschaft, Techno-

---

*) Karlsruhe 1825 und 1832, München 1827, Dresden 1828, Kassel 1830, Hannover 1831, Stuttgart 1832, Augsburg 1833, Braunschweig 1835, Darmstadt 1838 u. s. f.

**) Die Studienhofkommission, 1760 gebildet, war von 1792 bis 1808 aufgelöst — R Kink. Geschichte der Wiener Universität.

logie. Gerstner hatte auch als praktischer Techniker, und zwar als Mechaniker und Ingenieur, sehr viel geleistet und war daher ganz dazu geeignet, den Vorfechter für die technischen Interessen zu machen. Er fühlte auch den Beruf dazu in sich. Mit rastloser Thätigkeit, welche diesen Mann überhaupt kennzeichnet, arbeitete er Lehrpläne aus für das Studium der erwähnten Fächer und beleuchtete die Notwendigkeit und die herrlichen Früchte desselben *). Die Lehren der Nazionalwirtschaft, welche die Gesetze der Entstehung, Vertheilung und Verzehrung der Reichthümer umfassen, fanden in dieser Zeit allmälig Anklang; es wurde den Regierungen klarer, dass sie für die Beförderung des Nazionalreichtums nicht besser sorgen könnten, als durch direkte Massregeln zur Verbreitung von Kenntnissen und durch Thätigkeit der Verwaltung in technischen Zweigen. Man erkannte immer mehr die Zwecklosigkeit oder Unzulänglichkeit und theilweise selbst die Schädlichkeit aller jener zur Beförderung des Gewerbefleisses von der frühern Staatskunst ersonnenen Mittel, worunter eigene produktive Unternehmungen der Staatsverwaltung, Unterstützung von Unternehmungen durch Theilnahme der Staatsverwaltung an den Gefahren derselben, Prämienvertheilungen, Prohibitivmassregeln etc. eine mehr oder minder bedeutende Stelle einnahmen.

So sind Staatsunternehmungen meistens ein Beispiel schlechter Verwaltung und selten geeignet, überhaupt Muster abzugeben; so sind Unterstützungen durch Staatsmittel meistens Veranlassung zur Sorglosigkeit, Bequemlichkeit und Nachlässigkeit von den Unternehmern, selten aber zum wirklichen Nutzen und Frommen des Staates selbst, selten (wenn sie unbedeutend sind, gar nie) eine besondere Anspornung; — endlich die Prohibitivbesteuerungen eine dem Princip nach immer unrichtige Spekulazion. Dass alle diese Mittel auch jetzt noch angewendet werden, verdanken sie andern Rücksichten, namentlich der Betrach-

---

*) Das ständisch-polytechnische Institut zu Prag. Programm zur 50jährigen Erinnerungsfeier an die Eröffnung des Instituts vom 10. November 1856, redigirt von Dr. Karl Jelinek.

tung jener Nachtheile, die mit jeder plötzlichen Veränderung tief gewurzelter Verhältnisse verbunden sind, den finanziellen Bedürfnissen des Staates und dem Grundsatze der Gegenseitigkeit, der ihre Gemeinschädlichkeit nicht aufhebt. *)

Bei solcher Ueberzeugung muss aber eine wolwollende Regierung der intellektuellen Bildung der gewerbtreibenden Klassen, welche mit den produzirenden ja „im strengen Sinne die Nazion ausmachen", ihre ganze Sorgfalt zuwenden, vorausgesetzt, dass sie nicht von dem Vorurtheil befangen ist: Ein Staat des Kontinents müsse sich auf Land- und Bergbau beschränken, um glücklich zu sein. Diese letztere grundlose und verderbliche Ansicht musste im Jahre 1798 noch bekämpft werden und dies that nun auch Gerstner mit seiner ganzen Kraft. Im Juli 1798 hielt er vor dem Grafen Rottenhan, dem Baron van der Mark, den Hofräten Birkenstock, Sonnenfels, Zippe u. m. a. Vorträge, welche dadurch einen herrlichen Erfolg errangen, dass sie zur Gründung des st. polytechnischen Institutes in Prag eine gewichtige Unterstützung wurden **). Warum gerade die Gründung eines polytechnischen Institutes in Prag die Folge dieser Vorträge war, ergibt sich aus Folgendem. In Böhmen bestand an der Universität in Prag seit 9. November 1717 eine st. Ingenieurschule, welche sich aus der damals errichteten Ingenieurs-Professur allmälig herausbildete. Der erste, welcher diese Ingenieurs-Professur inne hatte und durch wiederholte Anträge diese Instituzion hervorrief, war der landschaftliche Ingenieur Christian Josef Willenberg. Schon im Jahre 1705 (30. J.) wurde ein Gesuch Willenbergs in dieser Richtung an den Kaiser Josef I. durch die böhmische Hofkanzlei eingebracht, welches beginnt: „Weil im Königreiche Böheimb

---

*) Diesen Gegenstand ausführlicher besprochen findet man in Dr. C. F. Nebenius über technische Lehranstalten in ihrem Zusammenhange mit dem gesammten Unterrichtswesen und mit besonderer Rücksicht auf die p. Schule in Karlsruhe 1833 und in Desberger's a. a. S. näher bezeichneten Schrift.

**) Diese Vorträge befinden sich in Form eines Aktenstückes in der Registratur des Direktorates der p. A.

ein grosser Mangel an derlei Leuten, deren man sich bei gegenwärtigen Kriegsläuften nützlich bedienen könnte, derzeit zu spüren wäre, wolle er amore boni publici et patriae zwölf zu obbedeutender Ingenieurkunst Lust tragende Subjecta, als Sechs vom Herren-, Vier vom Ritter- und Zwei vom Bürgerstande ohne deren Entgeld und nur blos gegen einem von den Landständen ihm jährlich ad dies vitae auszuwerfenden ergiebigen Stipendio in der Ingenieurskunst fundaliter unterweisen und zu Ihrer Majestät und des Vaterlandes erspriesslichen Dienst erzieglen." Aus diesen Zeilen kann sich der Leser eine Vorstellung machen, welcher Art der erste technische Unterricht „Anweisung in der Geometria und der Attaque einer Festung" im österreichischen Kaiserstaate war *).

Die Professur wurde dem kaiserlichen Ingenieur, wie schon erwähnt, im Jahre 1717 und zwar für dieses und „das nächsthervorbrechende 1719er Jahr" mit einem jährlichen Salar von 1200 fl. verliehen. Der Kurs dauerte nämlich zwei Jahre. Die Vorlesungen hielt er in seiner Wohnung an der Kleinseite. Nach je zwei Jahren wurde ihm das Amt bestätigt bis er 1726, da „sein erworbenes Alter von Tag zu Tag dergestalten überhand zu nehmen beginnt, dass er allerdings nicht mehr vermag solch anvertrauter Professur cum fructu vorzustehen, davon absolviret" wurde, und dagegen Johann F. Schor angestellt. Dieser dehnte die Thema in seinen Vorlesungen schon bedeutend aus. Er scheint auch bereits einen Adjunkten gehabt zu haben. Nach Schor's Tode (1767) erhielt die Lehrkanzel Franz L. Herget, Schor's Schüler und Gehilfe. Dieser dehnte den Unterricht noch mehr aus. Durch die Errichtung von Militärakademien trat der Hauptzweck, der Ingenieurschule, in den Hintergrund, endlich wurde gar Herget unter die Professoren der Filosofie (1784) eingereiht, und 1787 die Lehrkanzel der Ingenieur-Wissenschaften (ohne Artillerie-Wissenschaft) der filosofischen Fakultät einverleibt. Der dreijährige Kurs war schon lange ein öffentlicher und nur mehr sechs Stipendienstellen vorhanden. Des grös-

---

*) Desswegen mag auch mir verziehen werden, dass ich so weit aushole.   d. V.

seren Andranges der Hörer wegen erhielt Herget ein eigenes Gebäude, einen besoldeten Adjunkten und ein Personale zur Herstellung von Modellen.

Die Erledigung der Lehrkanzel aber, nach dem Tode Herget's am 1. Oktober 1800, war die nächste Veranlassung sich an Gerstner's Vorschläge zu erinnern und die Ingenieurschule in neuer Gestalt, mit klarer ausgesprochenem Zwecke und mit bedeutenderen Mitteln als polytechnisches Institut aufleben zu lassen. Die mehrmals angeführten Vorträge Gerstner's waren aber nicht auf Prag berechnet. Er beantragte einen elementaren und höhern Kurs. Ersterer sollte die fisisch-mathematischen Fächer der filosofischen Fakultät umfassen, der letztere aber das polytechnische Studium, nämlich Naturgeschichte (3 Lehrfächer), Chemie (3 Lehrfächer, anorganische, organische, Metallurgie), Mathematik (3 Lehrfächer, das letzte Astronomie etc.), Zeichnen, Baukunst und empyrische Mechanik. Er beantragte speziell für Wien die Benützung der bereits vorhandenen Kabinete und Bibliotheken. Das polytechnische Studium sollte in drei Jahren vollendet werden können, jeder Schüler Gelegenheit zu praktischen Uebungen haben. Ferner wünschte er Jahresprüfungen, Lehrerversammlungen, öffentliche Versammlungen, Herausgabe eines Journales, Regierungsratsrang für die Professoren, Gehilfen für dieselben und 25jährige Dienstzeit als hinreichend zu ihrer Pensionirung mit vollem Gehalt.

Aus dem Gesagten ist ersichtlich, was für eine hohe Ansicht Gerstner von einer technischen Anstalt hegte; er hatte das Bild einer grossartigen Schule vor Augen, welches sich nie verwirklichte.

Graf Rottenhan benützte nun die Gelegenheit, welche sich durch Herget's Ableben darbot, um die k. k. Hofkanzlei zu dem Versuch der Errichtung einer technischen Lehranstalt zu bewegen. Die Hofkanzlei fand sich geneigt und wünschte, dass sich Gerstner mit dem Chevalier Landriani ins Einvernehmen setze (1801). Für die neue Aufgabe wurden natürlich die hochfliegenden Pläne Gerstner's bedeutend modifizirt. Er fasste unter Beihilfe des Chevaliers mit Rücksicht auf die Bedürfnisse Böhmens und die obwaltenden Verhältnisse einen Antrag ab, welcher durch das böhmische Landesgubernium den hohen Ständen behufs Zusicherung einer bestimmten Sustentazion vorgelegt wurde. Dieser Schritt hatte auch den erwarteten Erfolg. Die Stände erklärten, die veranschlagten Kosten tragen zu wollen, ja sie genehmigten noch überdies die Systemisirung einer Lehrkanzel der Baukunst. Hierauf *) erfolgte die Ernennung Gerstner's zum Direktor und zweier Institutsprofessores mit dem Range von Professoren der Filosofie durch Kaiser Franz mit dem Beisatze, es sei ein umständlicher Lehrplan einzureichen. Dieser, bald vollendet, erhielt auch die Zustimmung**).

Er führt als Zweck des polytechnischen Institutes an: die **Emporbringung der vaterländischen Gewerbe durch wissenschaftlichen Unterricht** ***). In Beziehung auf die Schüler werden die Vorträge abgetheilt:

a) für Söhne vermöglicher Kaufleute und Künstler, Eigenthümer oder Vorsteher von Fabriken in Leinwand, Kotton, Tuch, Glas, Eisen; für Färber und Koloristen; für Uhr- und Instrumentenmacher, Maschinenarbeiter etc.;

b) für Land- und Wasserbaumeister, Landmesser oder Ingenieurs, Gutsbesitzer, Kameral- und Forstbeamte oder überhaupt für alle, welche doch nur einige Theile der Lehranstalt für ihren künftigen Beruf nötig haben.

c) für Staatsbeamte in Fabriks- und Kommerzgegenständen oder im Land- oder Wasserbauwesen, so wie auch für Lehrer und Professoren, sowol in diesen als in andern damit verwandten Wissenschaften.

Die einzelnen Fächer waren: erstens Elementarmathematik und praktische Geometrie in einem Jahre, Vortrag und Zeichnen

---

*) Mittelst Hofdekret vom 14. März 1803.
**) Hofdekret vom 3. Juli 1805. In demselben wurde auch verordnet, jede nöthig befundene Abänderung anzuzeigen, damit man bei andern neuen Instituten auf dieselben reflektiren könne. Das Direktorat hatte also Selbstbestimmungsrecht.
***) Geschichte der Errichtung und Lehrplan der t. Lehranstalt in Prag, bei Gottlieb Haase 1806.

zusammen zwei Stunden täglich; zweitens die Mechanik in einem Jahre wie oben; drittens die Land- und Wasserbaukunst, ebenso endlich viertens die allgemeine und speziell technische Chemie, täglich eine Stunde ein Jahr hindurch.

Man sieht, dass bei der Herstellung der Anstalt mit Sparsamkeit zu Werke gegangen wurde, ohne dass man „deshalb nach einem blossen Surrogate gegriffen hat," was immer abzuraten ist.

Am 10. November 1806 endlich konnte man zur Eröffnung der technischen Anstalt schreiten. Der Oberstburggraf Graf von Wallis erschien in seiner Amtstracht und in grosser Begleitung; er hielt an das zalreich versammelte Publikum eine Rede, welche Gerstner beantwortete. Darauf folgte von Professor Fischer eine Eröffnungsvorlesung vor den 106 eingeschriebenen Schülern, den ersten österreichischen technischen Studierenden *).

Es liegt ausser dem Zweck dieser kleinen Schrift, den Entwicklungsgang des prager polytechnischen Institutes weiter zu verfolgen. Das bisher mitgetheilte wird vorläufig genügen, um zu sehen, ob und in wie weit die oft genannte Anstalt massgebend für das wiener Institut gewesen sei. Nur noch ein Moment will ich hervorheben. Das technische Institut war bei seiner Entstehung nicht vollkommen getrennt von der Universität, oder wenigstens schien es so. Erst im Jahre 1815 wurde dieses Verhältnis geregelt**); es wurde nämlich die vollständige Trennung ausgesprochen, die gemeinschaftliche Theilname am Unterrichte aufgehoben und das Institut zu einer eigenen mit der Universität parallelen Lehranstalt erklärt. Die Immatrikulazion der Techniker hörte auf, mit jener der Universitätshörer gemeinsam zu sein; jedoch hatten alle diese Veränderungen unbeschadet des Ranges der Professoren zu geschehen. Diese Festsetzung der Stellung des Institutes, offenbar eine Rückwirkung von der wiener Schwesterschöpfung, wäre im Jahre 1806 vielleicht für

---
*) Von diesen drei Ansprachen ist keine gedruckt und daher auch keine genau bekannt.
**) Studienhofkommission vom 8. September.

das Aufblühen des jugendlichen Institutes von grossem Nachtheil gewesen. Nur 15 Jahre früher (1791) verweist ein **Hofdekret** „das **Studium der Mathematik** in die Klöster zur Ausfüllung müssiger Stunden!" — Es ist leicht einzusehen, dass diese auch im Jahre 1806 noch nicht völlig verschwundene Ansicht eine neue alleinstehende Anstalt mehr gedrückt oder angefeindet hätte, als dies der Fall sein konnte, so lange man dieselbe für mit einer Universität fusirt hielt. Dass man aber überhaupt allgemein von der Notwendigkeit technischer Lehranstalten bis in die neuere Zeit nicht überzeugt war, beweist die Umständlichkeit, mit welcher viele Schriftsteller sich diese zu beweisen bemühen *).

---

*) Im Jahre 1743 schon äusserte sich der Abt Jerusalem von Braunschweig: „und wenn denen, die keine eigentlichen sogenannten Gelehrten werden wollen, gleich ein Theil davon (von den Wissenschaften) nützlich werden könnte, so müssen sie dennoch so Vieles vergeblich lernen und dabei alle Zeit verlieren, die ihnen zur Anschickung zu ihrem **besondern Berufe** notwendig ist." Uhde die technische Abtheilung des Collegii Carolini zu Braunschweig 1836, entnimmt diese Notiz aus J. J. Eschenburg's Geschichte des Collegii 1812.

Dann Hermbstädt in seinem Bulletin, Berlin 1813, spricht die Behauptung aus: „technische Schulen liessen sich nicht durch Universitäten ersetzen."

Ausserdem s. Desberger a. a. O. Seite 14—17.

Ferner sagt Nebenius in seinem bereits am a. O angezogenen Werke: „man darf fragen ob nicht der Mangel an Regierungsfürsorge für technische Lehranstalten (wie in England) sich nicht wenigstens in der Beziehung furchtbar räche, ob er nicht einen wesentlichen Einfluss auf die Vergrösserung der Kluft nehme, welche den glücklicheren Theil der Gesellschaft von der zalreichen Menge die ihm mit ihrer physischen Kraft dienstbar ist."

In Brougham's: Praktische Bemerkungen über die Mittel, dem Gewerbestande aufzuhelfen, 20. Auflage (deutsch von Klöden 1826), findet man: „In unseren Zeiten, wo die Gelehrsamkeit nicht mehr das Vorrecht der Unsterblichkeit zu gewinnen glaubt, kann wohl die erhabenste Wissenschaft nicht höher streben, als dahin, die Kräfte der grossen Massen der Menschheit zu entwickeln und zu veredeln."

Grossartig ist, dass es sogar Staatsmänner, ja Unterichtsminister gegeben, wir hoffen, dass die Geschichte nicht mehr die traurige Pflicht haben wird solche zu verzeichnen, die nicht einsahen, dass die Fortschritte eines jeden, also auch des technischen Faches, den Fortschritt aller andern begünstigen und vergassen, dass, wenn sie jenes unterdrücken, sie den Fortbestand dieser gefärden. Zur Zeit der Gründung des prager Institutes hatten solche Männer nicht die überwiegende Macht.

Die niederösterreichische Regierung, eingedenk der Widmung der Grosshandlungssteuer wendete sich am 26. Februar 1805 an die böhmischen Stände mit dem Ansuchen um den Organisazionsplan des soeben errichteten prager Institutes.

Die ersten bestimmten Verhandlungen über die Errichtung eines polytechnischen Institutes in der Haupt- und Residenzstadt fallen in den Anfang des Jahres 1810. Um diese Zeit wurde dem Hofkammerpräsidenten Grafen von Odonnel der erste Plan des Institutes (zur Errichtung) von J. J. Prechtl übergeben.

Wir wollen jetzt auf einen Augenblick unsere Aufmerksamkeit ausschliesslich dem Manne zuwenden, welcher nicht nur, wie soeben mitgetheilt, an der Einrichtung dieses Institutes sich betheiligte, sondern wie aus dem folgenden ersichtlich werden wird, den meisten und wichtigsten Antheil an der endlichen Lösung und der Art und Weise dieser Lösung gehabt hat.

Johann Josef Prechtl, einer der ausgezeichnetsten deutschen Techniker, geboren den 16. November 1778 zu Bischofsheim am Rhön, wo sein Vater fürstl. würzburgischer Kommerzienrat und Vorsteher eines Eisenhüttenwerkes war, widmete sich filosofischen und juridischen Studien zu Würzburg und kam nach einem kurzen Aufenthalte in Wetzlar (1802) nach Wien, um

---

Ueberdies wäre hier anzuführen: Dr. H. G. Köhler, eine von der k. Sozietät der Wissenschaften in Göttingen gekrönte Preisschrift, über die zweckmässigste Einrichtung der Gewerbeschulen und polytechnischen Institute; Joh. Jos. Schnell über die Notwendigkeit der Gründung polytechnischer Schulen und Vereine, Nürnberg 1821; Gottfr. J. Dingler, über die Notwendigkeit einer polytechnischen Akademie in Nürnberg, 1821; Karmarsch K etc. etc.

bei dem hiesigen Reichshofrathe seine Praxis fortzusetzen. Hier verlegte er sich bald auf mathematische, fisikalische und chemische Studien. Seine Abhandlung „Ueber die Physik des Feuers" wurde 1804 von der holländischen Gesellschaft der Wissenschaften in Harlem gekrönt. Im Jahre 1809 ward er als Direktor der in Triest neu zu errichtenden Real- und Navigazionsakademie angestellt und mit deren Organisazion betraut. Er entsprach vollkommen den von ihm gehegten Erwartungen. Nach dem Friedensschlusse gieng er nach Wien zurück und übernahm daselbst 1810 an der Realakademie das Lehrfach der Fisik und Chemie. Die Realakademie war eine schon einige Zeit in dem Gebäude bei St. Anna bestehende Mittelschule technischer Richtung.

Wenn diese Schule auch nicht die Grundlage für das Polytechnikum bildete, wie dies etwa bei der école centrale des travaux publics für die école politechnique oder bei der Ingenieurschule für die Polytechnik in Prag der Fall war, so stand sie dennoch in einiger Beziehung zur neuen Schöpfung. Jetzt ist nur zu bemerken, dass Prechtl an dieser Anstalt seine Forschungen über die bei derselben nicht vorhandenen aber notwendigen Eigenschaften einer technischen Schule machen musste.

Die neu eingetretenen Finanzreformen und andere epochemachende Ereignisse zogen die Aufmerksamkeit von dem neuen Schulprojekt ab, und erst 1811 wurden wieder die Verhandlungen auf kaiserlichen Befehl aufgenommen. Verdient machte sich um dieselben von oben her der Staats- und Konferenzrat Stifft, welcher den Zweig des öffentlichen Unterrichtes vertrat.

Inzwischen wurde in Graz 1811 eine t. Hochschule eröffnet, deren Inslebentreten der Munifizenz der Stände zu danken ist, die speziell für die Bedürfnisse des Kronlandes berechnet war, und wenig Aehnlichkeit mit dem prager Institute hatte.

Am 26. März 1813, also abermals nach zwei Jahren, wurde dem Professor Prechtl aufgetragen, einen Vorschlag über Detailmassregeln zur anfänglichen Ausführung seines bereits vorgelegten Planes abzufassen. Schon nach einem Monate wurde dieser Vorschlag der Studienhofkommission überreicht. Nun wurde der Antrag **Prechtl's** bezüglich der Benützung der naturwissenschaftlichen Sammlungen der Universität *) in Erwägung gezogen, wurde jedoch als unausführbar bezeichnet. Die Inswerksetzung aller Pläne und Vorschläge war aber vor allem von der Auffindung einer geeigneten Lokalität abhängig. In der innern Stadt war eine solche nicht vorhanden, also schritt man am 30. Dezember 1814 zum Ankauf des vor dem Kärnthnerthore gelegenen gräflich Loso'schen Hauses. Dieses war damals im Besitze des Banquiers Georg Sina, welcher auch dem Kaufe des Hauses sammt dazu gehörigen Platz und Garten, alles zusammen auf einer Area von 3100 Quadr.-Klftr., um den Preis von 200000 fl. W. W., kein Hindernis in den Weg legte **). Bei dieser Gelegenheit „widmete der k. k. privileg. Grosshändler Georg Simon **Sina** aus Ueberzeugung von dem grossen Nutzen, welcher von dem neu errichteten k. k. polytechnischen Institute für die Wiederaufnahme der Künste und Gewerbe und der Handlung zu erwarten ist, und von dem Wunsche beseelt zur Beförderung einer so gemeinnützigen Anstalt einen Beitrag zu leisten, eine Banko-Obligazion von 20000 fl. zu dem Ende, dass dieselbe unter dem Namen Georg Simon Sina'sches Stiftungskapital auf fortwährende Zeiten bei dem polytechnischen Institutsfonde verbleibe, und dass die davon entfallenden Interessen den übrigen Einkünften dieses Fonds zur Bestreitung der Unterhaltung dieses Institutes erforderlichen Auslagen verwendet werde" ***). Das gekaufte Wohnhaus musste geräumt und vorläufig adaptirt werden, dann musste jedoch ein Plan für ein neues Hauptgebäude angefertigt werden. Diese Mission erhielt die k. k. Oberbaudirekzion. Der Bau wurde nach der im Oktober 1815 erfolgten kaiserlichen Gut-

---

*) Siehe oben.
**) Ein selbst für die damalige stadterweiterungslose Zeit sehr geringer Kaufschilling.
***) In der österreichischen kaiserlichen privileg. Wiener Zeitung vom 7. November 1815 Nr. 311. Das amtliche Organ erwänt in dieser Nummer das polytechnische Institut zum ersten Male.

heissung der revidirten Risse und Vorausmasse dem Hofbauratsdirektor Schemerl Ritt. v. Leitenbach untergeordnet. Die ersten Vorlesungen sollten noch in diesem Jahre eröffnet werden, und zwar wenigstens jene der Mathematik, Fisik und allgemeinen Chemie. Es erstattete daher Prechtl über die dringendsten Massregeln Bericht. Ueber diesen wurde am 26. Mai (bis zur definitiven Schlussfassung) entschieden. Es wurde die Vereinigung der Realakademie *) und des bisher noch unter eigener Direkzion stehenden Fabriksprodukten-Kabinetes mit dem polytechnischen Institute angeordnet, es wurde dem Direktor, der die Chemie lehren sollte ein Adjunkt zur Errichtung des Laboratoriums in der Person des aus Siebenbürgen hier anwesenden Apothekers Paul Traugott Meissner, dem die Lehrkanzel der speziellen technischen Chemie zugesichert wurde, beigegeben; für die übrigen Lehrfächer sollte indessen durch Supplirung gesorgt werden; und für dieselben sowol als für die Chemie wurde die Anstellung je eines Assistenten genehmigt. Die Gehalte der Professoren wurden mit 2000, 1800 und 1500 fl. festgesetzt. Das fisikalische Kabinet des Kaisers wurde dem Institut als Geschenk überlassen. Zur ersten Einrichtung des Laboratoriums wurden 8000 fl., zur Anschaffung von fisikalischen Apparaten 2000 fl. bestimmt, als Beitrag zur Haltung wissenschaftlicher Journale 400 fl. angewiesen, dem Direktor aber für einen aus den Professoren zu wälenden Sekretär 400 fl., für Schreibmaterialien 150 fl. ausgeworfen. Derselbe hatte auch Naturalwohnung und Holzdeputat.

---

*) Ein Hauptübelstand in Prag war der Mangel einer solchen oder ähnlichen Vorbildungsschule. Schon 1811 machte Gerstner darauf aufmerksam, 1812 aber wurde von der Hofkommission ein neues Gutachten abverlangt, weil in dem ersten Abweichungen von der in Wien bestehenden Anstalt enthalten waren. Die Vorschläge blieben aber noch lange Vorschläge und hatten blos zur Folge, dass im Jahre 1815 die Anstellung eines Professors der Fisik und Naturgeschichte — in Aussicht gestellt wurde. Sie erfolgte sammt der Errichtung der Realschule erst 1829, wärend schon im Jahre 1816 in Reichenberg und Rakonitz von einem unbekannt bleiben wollenden (Fürsterzbischof Chlumczansky) mit einem Kapital von 90000 fl. CM. gestiftet worden.

Die Adaptirung wurde unter beständiger Einflussname Prechtl's fleissig betrieben. Das Gewächshaus hatte man in eine mechanische Werkstätte, einen schönen Gartensal zum Hörsale für die Chemie umgestaltet; vor diesem aber einen grossen Grasplatz zu Bleichversuchen und anderen hergestellt. Zur Zeit als sich der Kaiser Franz in Paris befand, wurde der Direktor dahin berufen. Es ist selbst verständlich, dass der rastlose Mann in jeder Beziehung die ihm dargebotene Gelegenheit sich zu unterrichten benutzte, und alles was ihm für das polytechnische Institut von Nutzen sein konnte, kennen lernte. Er kaufte dort Apparate, Vorlagen, Präparate, Bücher und Instrumente etc. für das Institut an und kehrte Mitte Oktober mit Schätzen reich beladen nach Wien zurück.

Nachdem mit der Supplirung der Mathematik der Lehrer an der Realakademie Joseph Hantschl, mit jener der Fisik der Abbé Stelzhammer, Direktor des k. k. fisikalischen Kabinetes, betraut und J. Pach, Provisor der Mölker Landschaftsapotheke, zum Assistenten der Chemie ernannt worden war, konnten am 6. November 1815 die Vorlesungen wirklich eröffnet werden *).

Dieser denkwürdige Tag, an dem der allgemeinen Menschenbildung im Schose der Monarchie ein neues Feld eröffnet ward, ein Tag des Triumfes für die Fortschrittspartei, dieser Festtag eines Sieges der Gerechtigkeit, soll für alle kommenden Zeiten der Erinnerung geweiht, dem Gedächtnis gewart bleiben.

Mit diesem Tag schliesst die Gründung des Institutes zwar nicht ab, von diesem Momente an aber besteht es faktisch, es fängt an sich zu entwickeln „die zarte Pflanze, die jeder Windstoss beugt, zum festgewurzelten Baume, der reichlich Früchte trägt. Diese Früchte werden der Lohn der weisen Männer sein, welche, indem sie der werdenden Anstalt Hilfe und Pflege angedeihen liessen, ebensowol ihrer Vaterlandsliebe als ihrer Einsicht ein Denkmal setzten."

---

*) Nicht am 3. wie im 1. Jahrbuche des polyt. Institutes mitgetheilt wird.

Wie die Eröffnung stattfand, erzält die Wiener Zeitung vom Mittwoch den 8. November: „Das nach Sr. k. k. Majestät Anordnung unter höchst deroselben grossmüthigen Schutze allhier errichtete k k. polytechnische Institut (auf der Wieden Nr. 1) ist am 6. d. M. feierlich eröffnet worden. In dem grossen Hörsaale (?) haben sich die ansehnlichsten Minister, Amtsvorsteher, Staatsbeamte und Gelehrte *) zahlreich eingefunden. Der Direktor des Institutes, Herr Prechtl, hielt eine angemessene Eröffnungsrede, in welcher derselbe mit Beredsamkeit und mit umfassender Sachkenntniss im allgemeinen den Einfluss und die Bedeutung der technischen Studien entwickelte." Ferner erzält das Amtsblatt einiges von den kaiserlichen Verfügungen und von dem Plan des Institutes, welcher erst im Jahre 1817 (19. September) mit einigen kleinen Aenderungen sankzionirt wurde.

Prechtl schloss seine Rede an die „hochansehnliche und verehrungswürdige Versammlung" mit folgenden Worten: Noch bleibt manches zu thun. Aber unter der fernern weisen Leitung der hohen und höchsten Behörden wird es (das Institut) bald zu jener Reife gedeihen, in welcher es als ein neues und bleibendes Denkmal von Regentenweisheit und väterlicher Huld unsere Verehrung und Liebe für Franz den Allgeliebten auch noch auf die spätern Generazionen übertragen wird" **).

Bevor ich nun zum zweiten Abschnitte übergehe, soll eine Darstellung der Masse und Gesetze hier ihren Platz finden, die man für die Aufführung des organischen Gebäudes feststellte. Jeder Sachkundige wird zugeben, sagt Kink, bei einer ähnlichen Gelegenheit, dass man zuerst dasjenige ganz zum stehen bringen müsse, was man später gehen lehren will.

---

*) Sonderbare Reihenfolge.
**) Rede gehalten etc. Wien, bei C. Gerold 1815.
Friedr. Gerstner beflis sich in derselben wie immer einer ungeheuren Bescheidenheit; er bittet sogar um Nachsicht, wenn er diese Darstellung nicht mit jener Gründlichkeit und Würde, wie sie dem Gegenstande gebühren, vorzutragen vermag.

Verfassung

des polytechnischen Institutes, im Auszug wiedergegeben.*)

Das k. k. polytechnische Institut ist eine Zentral-Bildungsanstalt für den Handel und die Gewerbe durch einen zweckmässigen, ihre Vervollkommnung begründenden wissenschaftlichen Unterricht, — ein Sammelplatz für die von den Wissenschaften ausgehenden Beförderungsmittel der Nazionalindustrie, von welchem aus sich Belehrung und Rath verbreitet, — ein Verein nützlicher Kräfte zur Emporhebung des inländischen Gewerbefleisses durch jede Art wissenschaftlichen Einflusses. Das polytechnische Institut wird also das Wesentliche dreier Anstalten in sich vereinigen, nämlich einer technischen Lehranstalt, eines Konservatoriums für Kunst und Gewerbe und eines Vereines zur Beförderung der Nazionalindustrie.

I. Das Institut als Lehranstalt.

Als solche enthält es zwei Abtheilungen: die kommerzielle und die technische, von denen die Lehrgegenstände zur gründlichen Ausbildung für die Geschäfte des Handels, die zweite die fisisch-mathematischen Wissenschaften in ihren Anwendungen umfasst. Die nötige Vorbereitung für beide Abtheilungen wird in der Realschule erhalten.

A) Lehrgegenstände.

1. Die Realschule. Diese Vorbereitungsklassen enthalten jene Gegenstände, welche auch im allgemeinen für eine bürgerliche Ausbildung ausreichen, als:

---

*) Gedruckt 1818 bei C. Gerold.
  Bei dem Bestreben, diese Darstellung so getreu als möglich zu machen, wurde so weit es anging der Wortlaut beibehalten, daher der ziemlich antike Styl. d. V.

	Wöchentliche Stundenzahl in der	
	ersten	zweiten Klasse
Die Religion	2	2
Uebungen im Schönlesen	1	—
Deutsche Sprachlehre und Styl	3	2
Elementarmathematik	4	5
Geographie	2	2
Geschichte	2	2
Naturgeschichte	3	3
Zeichnen *)	2	3
Kalligraphie	4	4
italienische Sprache	5	3
französische Sprache	3	4.

Von ausserordentlichen Lehrern wurde ausserdem in der englischen, böhmischen und lateinischen Sprache Unterricht ertheilt.

2. Die kommerzielle Abtheilung. Die „in angemessener Ausdehnung und Behandlung" zu lehrenden Gegenstände sind namentlich:

	Wochentlich
Der Geschäfts- und Korrespondenzstyl für Kaufleute	3 Stunden
Die Handelswissenschaft	3 „
Das Handels- und Wechselrecht	3 „
Die Merkantilrechnenkunst	5 „
Die kaufmännische Buchhaltung	4 „
Die Handelsgeographie	3 „
Die Handelsgeschichte	2 „
Die Waarenkunde	2 „

Die technische Abtheilung des polytechnischen Institutes. Sie begreift folgende Lehrfächer:

a) Die allgemeine technische Chemie in 5 Stunden wochentlich. Praktischer Unterricht im Laboratorium.

---

*) Das Zeichnen war besonders im Verhältnis zur Kalligraphie wahrlich stiefmütterlich bedacht, trotzdem sollte der Unterricht die „geometrischen, Maschinen, Architektur, Ornamenten- und Blumen-Zeichnungen" umfassen

β) Einige spezielle chemisch-technische Fächer, wochentlich 10 Stunden. Dieser wie jener Gegenstand soll experimentell gehalten werden.

γ) Die Fisik mit ihren Anwendungen, wochentlich 5 Stunden.

δ) Die Mathematik (höhere), täglich zwei Stunden Vortrag, eine Stunde Repetizion.

ε) Die Maschinenlehre und Mechanik: „als Theil der angewandten Mathematik, begreift sowohl den Vortrag der Statik, Hydraulik und Mechanik, als ihre Anwendung auf den gesammten Maschinenbau. Sämmtliche Maschinen, welche im Grossen verwendet werden, werden beschrieben, erklärt, gehörig berechnet und die nötige Detailanleitung zur unmittelbaren Ausführung im grossen gegeben. Fünf Stunden wochentlich Vortrag, eben so viel, auf die Theorie der Perspektive gegründeter Unterricht, im Zeichnen.

ζ) Die praktische Geometrie, bis auf die Markscheidekunst ausgedehnt. Dem Vortrag geht der Zeichnungsunterricht zur Seite.

Die Land- und Wasserbaukunst, mit der Lehre von dem Vorausmasse und Bauüberschlage. Alles in einem Jahre. Architektur- und hydografische Zeichnungen.

η) Die (empyrische) Technologie, täglich eine Stunde.

Ausser diesen ordentlichen Lehrgegenständen können nach Bedürfnis und nach der höchsten Genehmigung über einzelne, wichtige Fächer ausserordentliche Vorlesungen gegen Honorar gehalten werden.

Da das Zeichnen in eigenen Sälen betrieben wird, so können die Hörer auch ausser dem ordentlichen Zeichnungsunterricht ihre Uebungen nach ihrer disponiblen Zeit fortsetzen.

B) **Verbindung beider Abtheilungen untereinander und mit den Vorbereitungs-Klassen.**

Nach Absolvirung der Realschule steht es jedem frei eine Kombinazion von Lehrgegenständen zu bilden, welche für seinen künftigen Beruf als Kaufmann, Fabrikanten, Chemiker,

Land- und Forstwart, Berg- und Hüttenmann, Mechaniker, Land- und Feldmesser oder Baumeister am vortheilhaftesten ist.

C) Organisazion der Lehranstalt.

a) Akademische und Schulverfassung.

In der Realschule findet die gewöhnliche Schuldisziplin statt. Zur Aufnahme in die erste Klasse ist ein Alter von wenigstens 13 Jahren und die zurückgelegte vierte Klasse Bedingung. Die Prüfungen sind halbjährig. Die Realschule steht unter der unmittelbaren Aufsicht eines Vize-Direktors.

An der technischen und kommerziellen Abtheilung finden akademische Einrichtungen statt. Die Prüfungen jedes Hörers werden von den betreffenden Professoren im Beisein zweier von der k. k. Studienhofkommission benannten Prüfungskommissären vorgenommen und nach denselben die Zeugnisse ausgestellt. Auch Frequentationszeugnisse mit dem Passus: ohne sich einer Prüfung unterzogen zu haben, werden ausgestellt. Die Zeugnissgrade sind: erste Klasse mit Vorzug, erste und zweite Klasse *).

Zur Aufname in die höheren Abtheilungen sind die absolvirten Realschüler oder solche mindestens 16jährige Jünglinge geeignet, welche durch die Prüfung über die zweite Realschulklasse den Besitz der nöthigen Vorkenntnisse nachweisen **).

Auch absolvirte Gymnasialschüler haben das Recht des Zutrittes. Die Aufname geschieht durch den Direktor; es wird

---

*) In Oesterreich überhaupt seit 7. September 1784 unter dem Josefinischen System eingeführt

**) Sonst war die Aufname nicht beschränkt, etwa so wie in Prag, wo mit Landesausschussdekret vom 18. Oktober 1814 angeordnet wurde, von den sich zur Aufname Meldenden ohne Rücksicht auf die Zeugnisse, sondern durch eine Prüfung 80—100 ausgewählt wurden. Der Grund davon war übergrosse übelangebrachte Sparsamkeit. Auch bei der école politechnique findet, wie bereits gesagt, eine solche Beschränkung wenn auch nicht aus jenem Grunde statt. Aus was immer für einem Grunde aber ist bei Anstalten dieser Art über eine Beschränkung durch Festsetzung der Schülerzahl der Stab zu brechen.

eine Immatrikulirungsgebühr von 10 fl. entrichtet. Die Vorlesungen sind unentgeldlich.

Von den Zuhörern wird ein ruhiges und männliches Betragen gefordert. Demjenigen, welcher dem zuwider handelt, wird nach fruchtloser Ermanung durch die Direkzion der Zutritt zu Vorlesungen nicht weiter gestattet. *)
Die Ferien werden nach denen der Universität regulirt. Der wochentliche Ferialtag ist der Samstag. Der Lehrkurs wird mit dem November eröffnet.

b) Personale und dessen Verhältnis.
Das ganze Institut nach allen seinen Zweigen ist dem Direktor untergeordnet. Ihm liegt in moralischer, wissenschaftlicher und ökonomischer Hinsicht die Sorge für das Gedeihen und Fortschreiten des Institutes ob. Er berichtet über das Institut an die Landesregierung als seine unmittelbar vorgesetzte Behörde und repräsentirt das Institut in allen Fällen.

Zum Personale gehören ferner die Professoren der genannten acht technischen Fächer, der Professor des Merkantilrechnens (und der Buchhaltung), endlich jener der Handelswissenschaft, also im ganzen zehn. Die übrigen Kommerzfächer werden von den Realschulprofessoren tradirt.

Ferner ist zu erwähnen der Sekretär, welchem unter andern die Sorge für die Bibliothek obliegt, und ein Rechnungsführer.

Die Realschule hat ausser dem Vizedirektor vier Professoren und vier Lehrer. (Zeichnen, Kalligraphie, Sprachen.)

Die Assistenten sechs an der Zahl; für die Baukunst und praktische Geometrie gab es keine; sie sind auf 2—4 Jahre angestellt. Sie sind Lehramtskandidaten.

Das Institut hat ausserdem 10 Diener.

---

*) Herrmann bemerkt in dieser Beziehung: „Es ist auffallend, dass die Disziplin an der Universität so streng gehandhabt wird, während im technischen Institute die grösste Freiheit herrscht. Alles wird vom Resultat der Studien abhängig gemacht. Die Polizei allein überwacht und zwar sehr gut die Schüler.

c) Aeussere Verhältnisse des Institutes. Das polytechnische Institut ist unmittelbar der Landesregierung und mittelbar der Studienhofkommission untergeordnet.

„Die Schüler und Zuhörer des Institutes sind nach denselben Modalitäten wie an der Universität von der Militärpflichtigkeit befreit."
Auf die Zeugnisse des polytechnischen Institutes wird bei Anstellungen in Staatsdiensten besondere Rücksicht genommen werden.
Das polytechnische Institut hat den Charakter einer technischen Kunstbehörde.

d) Sitzungen und Verhandlungen. Unter dem Vorsitze des Direktors finden allwochentlich Sitzungen der Professoren beider Abtheilungen zur Beratung über Begutachtungen und Angelegenheiten des Institutes statt.
Bei denselben hat der Kollegialgeschäftsgang statt.

Um aber das Publikum mit dem Geiste des Institutes immer mehr vertraut zu machen und von seinem fortschreiten und nützlichen wirken in Kenntnis zu erhalten, wird zu Ende des Monats August eine öffentliche Sitzung oder Verhandlung veranstaltet, zu welcher die zum Institute in Beziehung stehenden hohen Personen und das Publikum eingeladen werden. In dieser Verhandlung wird Rechenschaft gegeben von dem, was das Institut in jeder Richtung geleistet. Es wird in derselben eine geschichtliche Uebersicht des inländischen Industriewesens und der darauf einwirkenden Anstalten und Hilfsmittel, sowie der Fortschritte gegeben, welche ausserhalb des Institutes im In- und Auslande gemacht worden sind. Die Aburtheilung über Preisfragen wird bekannt gemacht und neue werden aufgegeben. Die Namen derjenigen Zuhörer, welche mit Auszeichnung ihre Prüfungen bestanden haben, werden mit Lobe erwähnt; endlich können Zuhörer über einzelne Gegenstände Vorträge zum Beweise ihrer erlangten Kenntnisse halten.

e) Jahrbücher des polytechnischen Institutes. Sowol um das Publikum von Zeit zu Zeit über die Bemühungen und die Tendenz des Institutes zu belehren, als auch um einen Platz zu gewinnen, in welchem stets sowol die in- als ausländischen Entdeckungen niedergelegt, wird ein Journal in zwanglosen Heften unter dem obigen Titel herausgegeben. Diese Jahrbücher enthalten ausserdem Abhandlungen der Professoren über die Erweiterung ihrer Fächer; Auszüge aus fremden vorzüglichen Abhandlungen jenes Inhaltes; Gutachten über technische Gegenstände; Bekanntmachungen über jene Gegenstände, bei welchen das Institut für Privilegien plaidirt hat u. s. w.

f) Bibliothek. Sie enthält die besseren Werke über die dem Institute angehörigen Wissenschaften sowol zur Benützung der Professoren und Zuhörer. Zur Dotirung derselben werden die Immatrikulazionsgebühren, die von Privatprüfungen entfallenden Honorare und andere Zuflüsse verwendet.

Die Professoren machen Vorschläge zur Anschaffung von Werken, die sie für nothwendig halten.

II. **Das polytechnische Institut als technisches Museum oder Konservatorium der Künste und Gewerbe.**

Die Sammlungen machen eine eigene Seite des Institutes aus, in welcher es, von seiner Eigenschaft als Lehranstalt zum Theil unabhängig, die Stelle eines Museums vertritt, welches durch zweckmässige Aufstellung und Vollständigkeit eine anschauliche Darstellung des Zustandes der Industriekultur und der ihr zugehörigen Wissenschaften enthält. Die Professoren, denen die unmittelbare Aufsicht über die ihre Fächer illustrirenden Kabinete obliegt, haben für die Erweiterung der Sammlungen, nach Massgabe der vorhandenen Mittel, die möglichste Sorge zu tragen. Diese Mittel sind aber die Verlagsgelder. Der Zutritt zu den Sammlungen steht, gegen beim Direktor zu behebende Karten, offen.

Die einzelnen Sammlungen des Institutes sind folgende:

A) **Eine Sammlung für Mineralogie und Zoologie**, welche, zur Unterstützung des naturgeschichtlichen Unterrichtes an der Realschule dienend, weder auf Glanz noch grosse Ausdehnung Anspruch macht.

B) Ebenfalls für die Realschule die Sammlung von Karten, Originalien für Geografie, Kalligrafie und Zeichnen.

C) Die Waarensammlung, welche sämmtliche Artikel im charakteristischen Zustande enthält.

D) Die chemische Präparaten- und Fabrikaten-Sammlung.

E) Das mathematische Kabinet. Dieses enthält vor allem die mathematischen Werkzeuge und Vorrichtungen, welche zur Ausübung der Lehren der praktischen Geometrie notwendig sind, ausserdem in- und fremdländische Masse und Gewichte, Wagen u. s. w.

F) Die Modellensammlung. Diese soll eine vollständige Aufstellung der bekannten Maschinen in nach der besten Einrichtung verfertigten und für die Ausführung im Grossen berechneten Modellen enthalten. Von allen neuen wichtigeren Erfindungen werden hier fortwärend die Modelle aufgestellt werden, so dass diese Sammlung ein Ort ist, von dem aus sich die neueren Erfarungen im Maschinenbaue nach allen Seiten hin verbreiten. Die Modelle werden in der Werkstätte des Institutes verfertigt und derselben aus dem Verlagsgelde für die Modellensammlung die Kosten des Materiales und die Abnützung der Werkzeuge ersetzt.

Die für den Land-, Wasser- und Brückenbau bestimmten Modelle machen eine kleinere Abtheilung dieser Sammlung aus, welche jedoch nicht unter der Leitung des Professors der Maschinenlehre, sondern jenes der Baukunst steht.

G) Die mathematische und mechanische Werkstätte. Diese Werkstätte wird also aus zwei Abtheilungen bestehen. Jene verfertigt die mathematischen und astronomischen Instrumente, sowohl für das Bedürfnis des Institutes, als für die übrigen Lehranstalten der Monarchie. In der Modellenwerkstätte werden die Bedürfnisse der genannten Modellensammlung befriedigt. In dieser arbeiten zwei Modellentischler, zwei Kunstschlosser, ein Mechanikus und ein Uhrmacher, welcher zugleich Werkmeister ist. Wenn einmal das Bedürfnis der Kabinete gedeckt ist, so können auch fremde Bestellungen angenommen werden.

H) Das Fabriksproduktenkabinet. Dieses hat zum Zwecke eine Uebersicht sowol des gegenwärtigen Zustandes der Vervollkommnung in diesen Arbeiten als auch des allmäligen fortschreitens derselben und dadurch ein historisches Bild der Kultur der Landesindustrie darzustellen. Die Sammlung wird nur Musterstücke enthalten, d. h. solche Produkte, welche die dermalige Vollkommenheit eines bestimmten Frabrikazionszweiges auszusprechen im Stande ist. Die Aufstellung geschieht natürlich in chronologischer Ordnung. Einen integrirenden Bestandtheil macht die zum Behufe des Vortrages nötige „technologische Werkzeugsammlung" aus. Das Kabinet steht unter der Leitung des Professors der Technologie.

Jährliche öffentliche Ausstellung.

Um den Erzeugnissen des inländischen Gewerbfleisses einen Vereinigungspunkt zu verschaffen, von welchem durch die gegenseitige Vergleichung eine rühmliche Nacheiferung veranlasst werden wird; und um den Fabrikanten Gelegenheit zu geben, die Fortschritte ihres Gewerbfleisses bekannt zu machen wird im September im Institutsgebäude eine Ausstellung veranstaltet. Zu diesem Ende ergeht von der k. k. Kammerhofkommission eine Aufforderung an sämmtliche Fabrikanten und technische Künstler, an das polytechnische Institut ein Exemplar des Vollendetsten einzusenden. Die Aufstellung hat der Professor der Technologie über.

III. Das Institut als Verein zur Beförderung der Nazionalindustrie, oder als Gesellschaft zur Aufmunterung der Künste und Gewerbe.

Durch die Ernennung von Mitgliedern unter den Angesehenen und Honorazioren, dem Handelsstande und der Zal gebildeter Fabrikanten wird das Institut den Mittelpunkt eines Vereines bilden, dessen praktische Wirksamkeit zu dem angedeuteten Zwecke in dem Masse erweitert wird, als sich dadurch die Theilname an dessen wissenschaftlichen Bemühungen befördert. Ein Hauptzweck des Vereines ist die Aussetzung bedeutender Preise für Erfindungen und Verbesserungen auf technischem Felde. Auch die durch den Verein ermöglichte praktische Belehrung des Institutes in einzelnen Fällen — ist zu berücksichtigen. Er befördert wirksam das Interesse an dem Institute, die Achtung vor demselben und dadurch den ganzen Erfolg. Ueber diesen Verein werden die nähern Bestimmungen und die Detail-Organisazion noch nachträglich bekannt gemacht werden.

Zweiter Abschnitt.
Die Entwickelung des polytechnischen Institutes.

Der grösseren Uebersichtlichkeit wegen ist dieser Abschnitt nach den Abtheilungen der „Verfassung" angeordnet.

Da aber die Geschichte des Hauses, welches das Institut beherbergt in keine dieser Abtheilungen passt, also selbstständig vorgenommen werden muss, die Angriffnahme des Baues aber ohnedem in die Gründungszeit fällt, so soll das auf das Gebäude Bezügliche allem andern vorhergehen.

Im Februar 1816 machte man den Anfang mit den Ausgrabungen für das Fundament des neuen Hauptgebäudes. Schon im Oktober desselben Jahres waren die Mauern unter Dach, so rasch giengen die Arbeiten.

Die feierliche Grundsteinlegung erfolgte am 14. Oktober, in Gegenwart vieler Honorazioren durch Kaiser Franz. Der Grundstein, für den unter einem der Pfeiler der Eingangshalle ein Platz aufgespart worden war, hat eine Aushölung, in welche ausser den gangbaren Münzen, der Salvatormünze, und den zur Feier des Tages geprägten Gold- und Silbermedaillen eine silberne Platte und eine Pergamentrolle gelegt wurde.

Die Denkmünze, von der Grösse eines Kronenthalers, ist auf dem Avers mit dem Bilde des Kaisers versehen, auf dem Revers zeigt sie die Ansicht des Gebäudes mit der Umschrift: „Munificentia Augusti." Auf dem Abschnitte aber sind die Worte zu lesen: „Institutum polytechnicum."

Die silberne Platte trägt folgende Worte: „Franz der Erste, Kaiser von Oesterreich, legte den Grundstein dieses Gebäudes im Jahre ein tausend acht hundert und sechzehn, den XIV. Oktober. Sigismund Graf v. Hohenwart, Erzbischof von Wien, verrichtete die feierliche Einsegnung, Ferdinand Karl Leopold, Kronprinz und Thronfolger von Oesterreich, die Erzherzoge Karl Anton, Ludwig und Maximilian von Oesterreich, Alois Graf von Ugarte, Staats- und Konferenzminister, oberster Kanzler und Präsident der Studienhofkommission, Josef Graf von Wallis, Staats- und Konferenzminister, Ignaz Graf von Chorinsky, Präsident der k. k. Hofkammer und Andreas Freiherr von Stifft, Staats- und Konferenzrath und erster Leibarzt, waren Beistände dieser Feierlichkeit. Möge auch die späte Nachwelt dankbar die Früchte geniessen, welche der erlauchte Gründer der Anstalt der gemeinnützigen Ausbildung des friedlichen Bürgerstandes weihte."

Auf dem Pergamente sind die wirklich schönen Worte des Kaisers der Zukunft aufbewart:

„Als Denkmal Meines Strebens, wissenschaftliche Aufklärung unter allen Ständen der österreichischen Staaten zu verbreiten, und insbesondere die gemeinnützige Ausbildung Meines lieben und getreuen Bürgerstandes zu befördern, habe Ich diesen Grundstein im Jahre ein tausend acht hundert und sechzehn den XIV. Oktober gesetzt und eingemauert."

Die Gerätschaften, deren sich der Kaiser bediente, werden für immerwärende Zeiten im Institute aufbewart.

Das Gebäude hat eine Frontlänge von 66½°, ein Erdgeschoss von 17′ Höhe und zwei Stockwerke. In der Mitte des Gebäudes bemerkt man ein im jonischen Style gehaltenes Peristile, welches von einer allegorischen Gruppe gekrönt ist. Dem Genius Oesterreichs, die Minerva zur Seite, führt ein Greis zwei Jünglinge zu. Diese und einige andere symbolische Figuren sind von Emblemen technischer Wissenschaft umgeben. Die Gruppe ist von Klieber meisterhaft ausgeführt. Unter derselben sind folgende Worte angebracht: „Der Pflege, Erweiterung und Vervollkommnung des Gewerbfleisses, der Bürgerkünste und des Handels. Franz der Erste.

So vollendet das Aeussere des Gebäudes, so zweckmässig und schön ist auch die innere Vertheilung der Räume.

Sie wurden damals folgendermassen benützt:

Der rechte Flügel: im Erdgeschoss Laboratorium, im ersten Stock technologischer Hörsaal und Kabinet, im zweiten Stock die Säle für Fisik und Mathematik. Im linken Flügel: das Erdgeschoss Realschule, der erste Stock Hörsal für Mechanik und praktische Geometrie, Modellenkabinet, der zweite Stock mineralogische und mathematische Sammlung.

Die Dachräume wurden ebenfalls zur Benützung hergerichtet. In dem hinter dem neuen Gebäude befindlichen älteren, welches mit jenem später durch einen Seitentrakt verbunden werden sollte, befand sich das zweite Laboratorium, die Bibliothek, die mechanische Werkstätte und Wohnungen für die Direktoren und das Personale. Im Jahre 1817, wo das Hauptgebäude beinahe vollendet wurde, machte man den bereits baufällig gewordenen Theil des alten Gebäudes, gegen die Paniglgasse zu gelegen, auch wieder bewohnbar, und räumte ihn den Arbeitern der mechanischen Werkstätte ein.

Das neue Gebäude wurde im November 1818 bezogen. Bald genügten alle vorhandenen Lokalitäten nicht mehr, und man musste im Jahre 1821 mit dem Bau des rechten Seitenflügels beginnen, welcher auch im Spätherbste bereits vollendet war.

Die namhafte Vergrösserung, welche das Haus in neuerer Zeit unter der umsichtigen persönlichen Leitung des Professors Stummer erhielt, nämlich zuerst durch den mittleren Trakt und schliesslich durch den Paniglgassentrakt war bis zu Anfang der Vierzigerjahre ins Werk gesetzt. Diese neueren Bauten zeichnen sich durch Leichtigkeit und Zweckmässigkeit aus, und schliessen sich doch harmonisch an das Hauptgebäude an. Sie gelten als Musterbeispiel für das Studium der Bauwissenschaft.

I. Die Lehranstalt.

Es wird dem Leser nicht entgehen, dass den ersten Jahren des Bestandes der Anstalt die grösste Aufmerksamkeit zugewendet wurde, weil in jenen Jahren die Fortschritte der Ausbildung rasch aufeinander folgten, weil diese Fortschritte grösser und einflussreicher und ausserdem der jetzigen Generazion entfernter liegend, ohne solche Sorgfalt unklarer geblieben wären.

Die Vorfälle der jüngst verflossenen Jahre erscheinen zwar in einer ganz entgegengesetzten Anschauung; wenn sie aber demungeachtet auch mit grösserer Genauigkeit dargestellt werden, als jene der mittlern Periode von 1825 bis 1848, so geschieht dies, weil der gegenwärtige Zustand des Institutes jedenfalls der für uns wichtigste, die unmittelbare Folge der letzten Ereignisse ist.

Uebrigens wird in keiner Periode der Biografie des Institutes eine Erscheinung von wesentlicher Bedeutung vermisst werden.

Das erste Studienjahr am polytechnischen Institute ist das Jahr 1815—16. Für die drei Fächer, welche bereits an der technischen Abtheilung gelehrt wurden und für die kommerzielle Abtheilung waren zusammengenommen 50 Hörer matrikulirt.

Am 1. Dezember wurde das Lehrfach der Fisik bereits definitiv durch J. Ph. Neumann, Professor am Joanneum, besetzt. Gleichzeitig mit dieser Ernennung erfloss die Bestimmung, 300 fl. zur Besoldung eines Privatschreibers für den Direktor zu verwenden. Dieses Individuum ist der Embryo eines Direkzionskanzleipersonales. Noch in demselben Jahre wurde der bisherige Direktor der Salm-Reifferscheid'schen Eisenwerke, J. Arzberger, zum ordentlichen Professor der Maschinenlehre im Konkurswege angestellt, und damit die Eröffnung eines vierten Lehrfaches der technischen Abtheilung ermöglicht.

Bald darauf, und zwar im März, wurde auch die Technologie, welche Lehrkanzel noch erledigt war, dem Assistenten der Fisik Altmütter in Folge des abgehaltenen Konkurses zuerkannt. Der Supplent Hantschl erhielt sein Dekret als ordentlicher Professor. Nun kommt auch schon eine Personal-Aenderung zu registriren, indem statt Pach, welcher im Mai die Direkzion einer „feinen Rosogliofabrik" übernahm, Karl Stahlberger auserkoren wurde. Für den bisherigen Lehrer des Zeichnens an der Realschule trat F. Reisser ein, und an die Stelle Hantschl's als Lehrer in den Vorbereitungsklassen wurden zwei Supplenten bestellt, von denen der eine, absolvirter

Jurist, Josef Beskiba, und der andere, Lebaque war. Zum Supplenten für das Blumenzeichnen wälte man J. K. Smirsch. Auch für die Direktorsstelle an der Realschule musste Jemand designirt werden, bisher hatte sie J. Hall inne. Man ernannte diessfalls den Weltpriester J. Mayer zum provisorischen Vize-Direktor am Institute.

Der Organisazionsplan erlitt, ehe er selbst noch vollständig ins Leben getreten war, die erste wenn gleich unbedeutende Erweiterung hinsichtlich der Anzal der Lehrfächer dadurch, dass der Supplent Meissner Vorträge über Aräometrie zu halten begann, wofür ihm eine Gehaltszulage von 30 fl. jährlich bewilligt wurde.

Eine weitere Vermehrung der Vorträge bestand darin, dass im Jahre 1816—17 dem Professor Arzberger mittelst Studienhofkommissionsdekret vom 13. Dezember 1816 gestattet wurde, an Sonn- und Feiertagen ausserordentliche Vorlesungen über Mechanik mit besonderer Rücksicht auf die Gewerbe zu halten. Die Veranlassung dazu waren mancherlei Anfragen praktischer Techniker über heterogene Gegenstände der mechanischen Wissenschaften. Der Erfolg war bei dem zalreichen Zuspruch ein bedeutender. Solche Sonntagsvorlesungen wurden später auch über Fisik, Chemie, Arithmetik, Geometrie gehalten, und dieser schöne Gebrauch hat noch nicht aufgehört.

Im Jahre 1816—17 waren bereits 72 Hörer eingeschrieben. Nachdem an der technischen Abtheilung schon fünf Fächer gelehrt wurden, konnte man auch allmälig zu den weiteren organischen Einrichtungen schreiten.

Die Besoldungen der Professoren der technischen Abtheilungen wurden mit 2000, 1800 und 1500 fl., jener der kommerziellen mit 1400, 1200 und 1000 fl. C. M. festgesetzt und ihnen ein Quartiergeld von 150 fl. zugewiesen. Die Lehrer an der Realschule erhielten 600 fl. Gehalt und 60 fl. Quartierbeitrag. Die Assistenten bezogen 400 fl. Auch das Rechnungswesen wurde geordnet; als Kassenbeamter fungirte P. Emmel; der bisherige Privatschreiber wurde zum Kanzlisten befördert.

Im Dezember 1816 verliess Lebaque die Realschule und

für ihn wurden A. Plöss und F. Hautschl zur Supplirung bestellt.

Die im August 1817 stattgehabten gewöhnlichen Finalprüfungen lieferten schon Beweise für die Thätigkeit der jungen Anstalt.

Bei der Eröffnung der Vorlesungen im November 1817 waren schon 167 Zöglinge der beiden höhern Abtheilungen matrikulirt, die Realschule, obwohl noch in der Stadt befindlich, jedoch bereits nach dem neuen Plane organisirt, hatte 226 Schüler. Mit Ausname der Bauwissenschaften wurden in diesem Jahre alle Fächer gelehrt. Die praktische Geometrie wurde nämlich von F. A. Ritter von Gerstner supplirt. Auch die Assistentenstellen der Mathematik, Mechanik und Technologie waren durch J. Salomon, M. Reinscher und W. Nechuta ausgefüllt worden. Zum Professor der allgemeinen technischen Chemie ernannte man im November des genannten Jahres Dr. B. Scholz und zum Assistenten für die spezielle Chemie S. Seitz. An der Realschule giengen noch vor Ablauf des im Zuge befindlichen Studienjahres folgende Veränderungen vor: F. Beskiba wurde ordentlicher Lehrer der deutschen Sprache und M. Tomfort Assistent für das Zeichnen. Die kommerzielle Abtheilung erhielt in F. Hantschl einen Lehrer für das Merkantilrechnen und die Buchhaltung und in dem bisherigen Supplenten M. Hurtel jenen des Geschäftsstyles.

Im August 1818 wurde der Lehrkurs beendigt. Prechtl, der auch in diesem Jahre zum wirklichen n. ö. k. k. Regierungsrate ernannt wurde, rühmt die Fortschritte der Schüler und die verständige Ordnung und männliche Ruhe der Hörer, welche keine einzige Klage veranlasste, als einen neuen Beweis, wenn noch einer nötig wäre, dass der Mensch in der Regel das Vertrauen, das man ihm schenkt, nicht zu missbrauchen geneigt sei, und dass auch das jugendliche Gemüt durch dieses Selbstgefühl richtiger geleitet würde, als durch militärische oder klösterliche Disziplin, welche die jugendliche Kraft oft zur ungeordneten und mutwilligen Thätigkeit aufreizt. Das erste Mal wurden Tentamina nach den Prüfungen abgehalten, und zwar von 21 freiwillig sich erbietenden Hörern. Bei dieser Gelegenheit gaben viele Notabilitäten, unter ihnen der Fürsterzbischof, durch ihre zalreiche Anwesenheit einen neuen Beweis ihrer Theilname.

Das vierte Studienjahr 1818—19 konnte bereits in dem neuen Gebäude vollständig eröffnet werden.

Auch die Bauwissenschaften wurden, jedoch provisorisch, von dem Wasserbau-Amtsdirektor Kudriaffsky gelehrt. Die Anzal der Hörer, unter denen sich, wie der Redakteur bezeichnend für die damalige Zeit bemerkt, „sechs Fürsten und Grafen befanden," war in der Realschule 262, ausser dieser 238 Schüler.

Die Vorgänge im Lehrkörper waren folgende:

Ritter von Gerstner, welcher definitiv wurde, legte im August 1819 seinen Diensteid ab. Für die kommerzielle Abtheilung wurde der Posten eines Vizedirektors kreirt, und mit demselben der Professor der Geografie F. M. Reisser betraut. An die Stelle des Assistenten V. Stahlberger wurde J. Kretz ernannt.

Im Laufe des Jahres 1818 wurden die im Lehrplane angeordneten praktischen Uebungen der Hörer Gerstner's zum ersten Male vorgenommen. Das gewählte Terrain war zwischen dem Leopolds- und Bisamberge und Klosterneuburg gelegen. Man bediente sich zweier Messtische. Im darauffolgenden Jahre waren die Hörer bereits in vier Sekzionen getheilt und nahmen die Gemeinden Hetzendorf, Speising und Lainz katastralmässig auf. Bei der Ausbildung der Hörer in diesem Fache nahm man überhaupt sehr viel Rücksicht auf den Kataster. Für den Zeichnungsunterricht wurden von der Lithografirungs-Direkzion des Katasters dem polytechnischen Institute Abdrücke der Aufnamspläne überlassen.

Die absolvirten Hörer der praktischen Geometrie, von welchen einer, A. Stoischizs, Assistent dieses Lehrfaches wurde, hat man die meisten vorzüglicheren gleich beim Kataster verwendet; einige wurden sogar unmittelbar zu Geometern bestellt.

In seiner Eigenschaft als Kunstbehörde hat das polytechnische Institut bis zum Beginne des eben in Rede stehenden

Jahres nicht weniger als 450 Berichte und Gutachten über Gegenstände der Technik an die Behörden abgegeben.

Im August wurden die Finalprüfungen abgehalten. Als Regierungskommissäre fungirten ausser dem Baurats-Direktor Schemerl, der Hofkommissionsrat Feuchtersleben, Triangulirungsdirektor Fallon, Grosshändler Wayna und Fabrikant Hornbostel. Unter jenen, welche sich an den Tentamen betheiligten, befanden sich der spätere Direktor an der hannover'schen Gewerbeschule Karl Karmarsch, der nunmehrige Professor der Technologie Jakob Reuter, beide für Chemie, aus der Mathematik und Maschinenlehre Adam Burg. Auch diesmal wurde das Institut von vielen hochgestellten Personen besucht. Der Minister des Innern Graf von Saurau liess dem Karmarsch durch den Direktor eine silberne Medaille überreichen.

Nun begann das Schuljahr 1819—20, das 5. seit der Gründung des Institutes. Die Anzal der matrikulirten Hörer war auf 314 gestiegen, der Schüler der Realschule hingegen um 5 auf 233 gesunken.

In diesem Jahre weist der Lekzionskatalog um ein wichtiges Fach mehr aus. Im soeben verflossenen August wurde nämlich beschlossen, mit besonderer Rücksicht auf jene Techniker, die ihre Vorbildung nicht in der Realschule genossen eine Lehrkanzel für Elementar-Mathematik zu errichten*). Diese Wissenschaft sollte in derselben Ausdehnung wie an der Realschule, jedoch akademisch gelehrt werden. Vorläufig geschah diess provisorisch durch J. Salomon. Auch die Warenkunde wurde durch den Professor F. Riepl, der die Naturgeschichte an der Realschule tradirte, übernommen. Zum Assistenten für die Technologie wurde Karl Karmarsch, für die Land- und Wasserbaukunde F. Pieringer ernannt. Der Assistent bei der allgemeinen Chemie F. Wehrle, welcher zum Bergrate und Professor befördert worden war, hatte in A. Krause seinen Nachfolger.

---

*) Sie wurde nur mit 800 fl. dotirt. Auch war keine Assistentenstelle für nothwendig befunden worden.

Bei den in Form von Disputazionen am Schlusse des zweiten Semesters veranstalteten Tentamina lesen wir 37 Namen. Unter ihnen Anton Burg und Freiherr von Puthon.

Im Frühjahre hatte der Kaiser zum ersten Male das Institut besucht und sein Wolgefallen an demselben ausgedrückt.

Das 6. Studienjahr wurde am 5. November 1820 eröffnet. 451 Hörer und 231 Realschüler waren am Institute.

Vom 6. November an war Salomon ordentlicher Professor und erhielt in Adam Burg, der „seine Studien ausgezeichnet absolvirt" hatte, seinen Assistenten. Für die Mechanik-Assistentenstelle wurde, statt des scheidenden Reinscher, J. Arbesser auserkoren.

Da der bisherige Vize-Direktor J. Mayer zum Probst von Saatz ernannt worden war, musste Reisser seine Funkzionen übernehmen.

An den Schlusstentamen nahmen 70 Zuhörer Theil.

In diesem Jahre beglückte der Kaiser die Anstalt 2mal und die Kaiserin 3mal mit Ihrem Besuche. Auch das prager Institut besichtigte das Herrscherpaar, welches an demselben einen grossen Gefallen gefunden zu haben schien, indem Demselben eine Beschreibung und Notizen über die Gründung nachgesendet werden mussten.

Wie viele Geschäfte man damals schon mit nur zwei Beamten zu erledigen hatte, beweist das Protokoll, welches die enorme Zal von 1014 Nummern ausweist.

Den 4. November 1821 wurde zum Beginn der Vorlesungen ein feierliches Veni sancte in der üblichen Weise in der Karlskirche zelebrirt.

Im Lehrkörper sind keine wesentlichen Aenderungen vorgefallen.

Von den 486 Technikern haben sich zu den Tentamina 52 angeboten. Realschüler waren 271.

Im Jahr 1822—23 waren bis dahin am meisten, nämlich 520 inskribirt. In der Realschule zälte man 253 Köpfe.

Vom 21.—26. August machten 60 Hörer Tentamina. Unter

diesen befanden sich der Fürst Montlcart aus Avignon und der Baron J. Smola.

In diesem Jahre starb Stoischizs. An seine Stelle kam E. Schmiedl. A. Krause, bisher bei der Chemie in Verwendung, wurde zur Fisik versetzt, und sein Platz mit J. Ludwig ausgefüllt. Die Lehrkanzel der Bauwissenschaften wurde endlich durch den k. k. Kreisingenieur J. H. Purkinye definitiv besetzt.

Eine kleine Verringerung des Besuches stellte sich bei der Einschreibung für das 1823—24iger Jahr heraus, denn für die technische und kommerzielle Richtung waren 518, für die Realschule 244 eingetragen.

Der Personalstand änderte sich wie folgt: Ritter von Gerstner wurde zum Bau der projektirten Budweis-Mauthhausner-Bahn berufen, und legte daher sein Lehramt nieder, unterdessen supplirte der Assistent E. Schmiedl. Assistent der Bauwissenschaften wurde Paul Sprenger, der Technologie aber Jakob Reuter.

In diesem Jahre wurde zum ersten Male dem vorzüglichsten Hörer der kommerziellen Abtheilung, Markbreiter, ein Preis von 40 fl. W. W. zuerkannt. Diese Prämie kam von den Interessen eines schon im Jahre 1817 von einem Grosshändler*) zu dem besagten Zwecke gewidmeten Kapitals von 2000 fl. Erst jetzt konnte ein solcher Preis zur Vertheilung kommen, weil die Genehmigung hierzu noch mangelte.

Der Zudrang zu den Tentamina war in diesen Jahren auch ein geringerer als im vorhergehenden. 44 Hörer hatten sich gemeldet

In dem zehnten Jahre studirten an der Realschule 258, in der höhern Lehranstalt 503 Personen.

Die Lehrkanzel der allgemeinen technischen Chemie ging von Dr. Scholz auf Meissner über, weil jener Direkzionsadjunkt an den k. k. Porzellan- und Spiegelfabriken wurde. Die spezielle Chemie versah indessen der Adjunkt Joss. Die Assistentenstelle der Fisik wurde dem Sohne des Prof. Neumann verliehen.

---

*) v. Coith.

Am Tentamen betheiligten sich 50 Studenten. Scheibl gewann den Coith'schen Preis.

Das Ende dieses Jahres bezeichnet zugleich den Abschluss der ersten Zeitepoche in der Geschichte des Institutes. In dieses erste Dezennium fällt die Kindheit von kurzer Dauer, aus welcher das Institut rasch in das kräftige Jünglingsalter übertrat. Seine Konstituzion ist im Allgemeinen als vollendet zu betrachten, wenn auch der Organismus der „Veredlung, Erweiterung und Vervollkommnung" noch lange fähig war.

In der kurzen Zeit von nur 10 Jahren der ersten Entwickelungsfase hatte das Institut schon namhaftes geleistet. Was insbesondere die Lehranstalt betrifft, so hat diese schon über 1000 junge Männer ausgebildet, welche den von ihren Lehrern gehegten Hoffnungen und Erwartungen nicht nur entsprachen, sondern diese sogar weit übertrafen, und mit unendlich wenig Ausnamen eine ehrenvolle, zum Theile angesehene Stellung in den verschiedensten Lebenskreisen jetzt einnehmen.

Die um diese Zeit erschienenen Zeitschriften und Werke schildern durchgängig das wiener Institut als ausgezeichnete Anstalt, eine seltene Ausname von dem unsterblichen Theorem: zur Anerkennung müsse man gestorben sein. Freilich muss leider auch zugegeben werden, dass das Ausland diese herrlichste Blüte des österreichischen Lebensbaumes der damaligen Zeit mehr würdigte als das Inland, und später selbst viele Früchte davon pflückte.

Den grossartigen Ruf, den diese Anstalt genoss und der eine verhältnismässig sehr grosse Schülerzal herbeilockte aus nah und fern, verdankt aber das Institut hauptsächlich dem Umstande, dass es seinem Zweck, einem ausserordentlichen Bedürfnisse abzuhelfen, auf freisinnige Weise nachstrebte.

Auch die Thätigkeit als technische Behörde war sehr bedeutend. Gegen 2000 Gutachten waren abgegeben worden.

Die Zweckmässigkeit des Institutes in dieser Beziehung war anerkannt und dadurch das Interesse sowol der Nazion als der Regierung, welche sich diesmal nicht gegenüber standen, wol verbürgt.

Was den Zeitraum vom Jahre 1825 bis 1847—48 anbelangt, so wird dieser in allgemeinen Zügen gezeichnet erscheinen. Statistische Angaben, wie z. B. die Schülerzal, werden nur so oft gebracht als notwendig ist, um die Bewegung im allgemeinen erfassen zu können.

Die ersten zehn Jahre insbesondere sind in einer ruhigen, gleichmässigeren Steigerung der Thätigkeit des Institutes verflossen.

Was die Arbeiten des Lehrkörpers in und ausser dem Institute anbelangt, so sind diese sehr rühmlich. Man denke nur z. B. an die Unzal von Ratschlägen in Privilegiums- und anderen Angelegenheiten, welche er an die Regierung erstattete. Beinahe jeden Tag brachte die amtliche Zeitung „Kundmachungen," welche sich auf solche Angelegenheiten beziehen, die nach dem Patente vom Jänner 1820 behandelt wurden.

Im Lehrplan und in dem Personale fiel in dieser Periode nichts Erhebliches vor, es wäre höchstens zu erwünen, dass bereits im Jahre 1839 der Konkurs für jene Professur ausgeschrieben wurde, welche später, wie folgen wird, Stummer erhielt.

Professor Arzberger beschliesst mit dem Studienjahre 1835—36 seine Wirksamkeit, die er mit grossem Erfolge so lange Zeit dem Institute zugewendet hatte. Besonders viel verdankt ihm das Modellenkabinet. An seine Stelle tritt nun der Professor Adam Burg, welcher schon durch Arbeiten im Felde der höhern Analysis, auch in ihren Anwendungen auf die Mechanik (z. B. Kräftenparallelogramm) allgemein vortheilhaft bekannt war. Gleichzeitig wurde J. Stummer zum ordentlichen Professor der Land- und Wasserbauwissenschaften ernannt, ein noch junger Mann von rastlosem Fleisse, der zu seinem Berufe wie geschaffen war. Der Professor des Zeichnens an der Realschule, Franz de Paula Reisser, welcher im vorigen Jahre gestorben war, wurde von Fidler, der abwesende Riepl hingegen von J. Reuter supplirt.

Nachdem Burg nicht auf die Länge der Zeit die beiden umfangreichen Fächer Mechanik und höhere Mathematik lehren konnte, so behielt er die Mechanik, Salomon erhielt die letztere und Schulz v. Strassnitzky wurde von Lemberg berufen und erhielt, da die Lehrkanzel der Elementarmathematik nur mit 800 fl. dotirt war, eine Personalzulage von 400 fl. Riepl, Direktor der Nordbahn, schied gänzlich vom Institute. Besonders für die geognostische Sammlung hatte er viel gethan, sie war schon viel ausgedehnter geworden, als ihre Bestimmung für die Realschule es erheischt hätte, und wurde daher später dem jetzigen Direktor der geologischen Reichsanstalt, W. Haidinger, zu einem andern Zwecke überlassen und in das Münzamt übertragen. Man hatte noch keine Ahnung, dass die Naturgeschichte, welche in Prag als ausserordentliches Fach gelehrt wurde, auch hier ein Lehrfach der höheren Abtheilungen werden könnte. Bis zum Jahre 1842—43 fiel keine weitere Veränderung vor. Von diesem Jahre an wurde (Schulz war zum Professor der Mathematik überhaupt ernannt worden, erhielt auch einen Assistenten, Zampieri) die Elementar- und höhere Mathematik abwechselnd von Schulz und Salomon vorgetragen, so dass jeder seine Schüler durch das ganze Gebiet der Mathematik führen konnte.

Die Land- und Wasserbaukunde wurde nicht mehr als ein Gegenstand gelehrt, Stummer theilte sie wegen des grossen Umfanges, den diese Wissenschaften in neuerer Zeit gewonnen hatten, in zwei Fächer und widmete aus demselben Grunde jedem um eine halbe Stunde mehr Vorlesezeit. In diesem Jahre, wo die besprochene Neuerung eingeführt wurde, konnte also auch nur Landbau tradirt werden. Was Stummer durchzusetzen vermochte, hatte Professor Karl Wiesenfeld in Prag drei Jahre früher beantragt und war nicht durchgedrungen.

Noch etwas anderes, was in Prag schon seit 1830 bestand, nämlich Vorlesungen über Projekzion, Skyagrafie, und Perspektive, kam nun in etwas anderer Form in Wien zur Ausführung. Es wurde nämlich eine Lehrkanzel für „das geometrische, architektonische und Maschinenzeichnungsfach, dann die beschreibende Geometrie und Projekzionslehre" mit drei wochentlichen Vorlesungen geschaffen, welche im Jahre 1844 mit Johann

Hönig definitiv besetzt wurde*). Es wurde damit eine Lücke ausgefüllt, welche empfindlich auf die übrigen Studien einwirkte. Was die Assistenten der Mechanik und Baukunst in dieser Richtung früher lehrten, war nur ein unzureichendes Surrogat für die wissenschaftliche Behandlung einer Grundlage sämmtlicher technischer Studien. Der verewigte Schöpfer der Geometrie sagt von ihr: Elle est indispensable à tous les ouvriers, dont le but est, de donner aux corps certaines formes determinés, et c'est principalement, parceque les methodes de cet art ont été jusqu'ici trop peu rependues, ou presque entièrement négligées que les progrès de notre industrie ont été si lents.

Diese Lehrkanzel hat, seitdem sie durch Hönig immer mehr an Vollständigkeit zunam, beinahe alle Lehrer dieses Faches in der österreichischen Monarchie herangebildet und damit schon einen unberechenbaren Nutzen gestiftet.

Auch an Sonn- und Feiertagen wurde einige Zeit Unterricht gegeben.

Im Jahre 1842--43 entwickelte besonders Reuter eine ungeheure Thätigkeit, indem er statt des geschiedenen Becher auch noch die Geografie zu seinem Gegenstande machen musste. In dem Vorlesungsprogramm liest man von nun an nicht mehr die Deklamazionslehre.

Für die spezielle, technische Chemie, wie bekannt, bisher von dem Adjunkten Joss supplirt, wurde ein Professor A. Schrötter ernannt. Zugleich begann der Professor der Naturgeschichte an der Realschule den Hörern der Technik ausserordentliche Vorlesungen über das gesammte Gebiet der Mineralogie zu halten.

Im Jahre 1844 wurde der unermüdliche Professor J. Ph. Neumann pensionirt. An einer andern Stelle wird seiner Leistungen gedacht werden. In seiner Eigenschaft als Lehrer ersetzte ihn indessen sein Assistent J. Reisinger. Für Reuter musste ebenfalls supplirt werden und dies geschah durch F.

---

*) In Baiern wird sie seit dem von König Ludwig, Oettingen-Wallerstein und von Kobell gegebenen Organisazionsentwurf (1836) gelehrt.

Hauke. Für die Realschule war Dr. Franz Leydolt als provisorischer Professor der Naturgeschichte gewonnen.

Noch vor 1847 übernahm Schrötter die Lehrkanzel der allgemeinen technischen Chemie nach dem Abgange Meissner's, dessen selten vergebliches Streben oft gewürdigt wurde. Das neu eintretende Schuljahr, das leider bald unterbrochen wurde, weist in Beziehung auf den Personalstand nur folgende Veränderungen auf, nämlich die, dass Hurtel, der so lange segensreich am Institute waltete, nicht mehr demselben angehörte, — er wurde nun durch Auspitz nnd Pablasek vertreten. Auch der Religionslehrer Dinstl räumte seinen Platz, um ihn dem Priester J. Engel einzuräumen. Von ausserordentlichen Vorlesungen ist zu erwähnen Dr. Jonak über Nazionalökonomie, und vom ersten österreichischen Vertreter Gabelsberger'scher Stenografie Heger über dieselbe.

Beskiba hörte auf an der Realschule zu lehren, indem er sich blos seinen Geschäften als Vizedirektor widmete. Sein Nachfolger war Dr. Demel.

Das Jahr 1847—48 war wie im allgemeinen auch für das Institut verhängnisvoll. Die Vorfälle dieses Jahres beziehen sich aber vielmehr auf die Zöglinge des Institutes, auf die Techniker, als auf jenes selbst. Diese Vorfälle also zu schildern, liegt ganz ausser dem Zweck und Bereich dieser Schrift. Nur so viel soll bemerkt werden, dass sich die Techniker, indem sie die technische Legion, die Schwester der akademischen bildeten, auf eine unvorsichtige Art mit Leuten von verschiedenster Qualität verbanden, mit denen die Jünger der Wissenschaft nichts gemein hatten als das T auf den Kalabreser und es ist unzweifelhaft, dass der „schlechte Ruf" und dessen Folgen nur diesem Theile der Legion zu danken seien. Man wusste nur bei der Wiederherstellung der früheren Verhältnisse nicht, wem man alles in die Schuhe schieben sollte. Dem getreuen Bürgerstande, den Söhnen der Alma mater? Nein, also den Technikern. Die Brandmarkung der Techniker hatte aber auch die nachtheiligsten Folgen, — der sogenannte „schlechte Ruf", verbündet mit der nebesiegbaren Macht der Vorurtheile, lag von da an wie ein böser Alp auf dem Institute und trotz einer 12jährigen musterhaften Haltung desselben ist noch keine vollständige Befreiung eingetreten.

Die einzige Errungenschaft didaktischer Art, den die Polytechnik bei der allgemeinen Aufbesserung der Studienverhältnisse machte, war die Einführung einer Lehrfreiheit von sehr unbedeutenden Dimensionen *).

Dafür war die Lernfreiheit, welche im Jahre 1815 die Verfassung in einer für jene graue Vorzeit bewunderungswürdigen Weise als eine (abgesehen von dem angewiesen sein auf einen bestimmten Professor) unbeschränkte Lernfreiheit aufstellte, ganz geschwunden.

Wärend man ein Musterstatut für die Gymnasien entwarf, wärend man nicht ohne Erfolg bestrebt war, die Universität zu einer der ersten Deutschlands emporzuheben, wärend man sogar an die Gründung von Vorbereitungsschulen für die Technik, an Realschulen ernstlich dachte, blieb nur die Technik, ganz allein diese beinahe unberührt, die stehende Organisazionsfrage, von hundert Seiten bereits angeregt, von allen anerkannt, blieb, was sie war, — eine Frage.

Nicht einmal die Annualprüfung, gegen welche sich mancher Lehrkörper (z. B. der prager) heftig aussprach, wurde in Uebereinstimmung mit der Universität aufgehoben.

Indess würde man sich sehr täuschen, glaubte man, dass im Jahre 1848 nicht über die technischen Studien beraten worden sei. Im September tagte eine Versammlung von Abgeordneten aller technischen Lehrkörper, aber zu bald hatten diese Beratungen ein Ende erreicht, ohne von Erfolg gekrönt zu werden.

Nach den unglücklichen Episoden vom Jahre 1848 suchte der Regierungsrat J. J. Prechtl um seine Versetzung in den Ruhestand an. Der Kaiser erhob ihn mit dem Leopoldsorden in den Adelsstand. Ihm ist die Anerkennung und Dankbarkeit eines Volkes, ja der ganzen wissenschaftlichen Welt gesichert. — Im Jahre 1852, nach kurzer irdischer Ruhezeit, verschied er, um sich der ewigen zu erfreuen.

---

*) Unterrichts-Ministerialerlass vom 19. Dezember 1848.

Ausser den unzäligen wissenschaftlichen, kleineren und grösseren Abhandlungen über die verschiedenartigsten Gebiete, die er theils in seiner Encyclopädie, theils in den Jahrbüchern niederlegte, sind seine „Untersuchungen über den Flug der Vögel", (Wien 1846) mit welchen er sich sein ganzes Leben beschäftigte, hervorzuheben.

Im Jahre 1850—51 übernahm die Direkzion Adam B u r g. Inzwischen war die Leitung in der Hand des Professorenkollegiums, nämlich im Jahre 1849—50 *).

Vergleicht man dieses letztere mit dem Jahre 1847, so bemerkt man folgende auffallende Veränderungen:

Professor Simon S t a m p f e r, Mitglied der Akademie der Wissenschaften, überliess den Vortrag der praktischen Geometrie seinem ehemaligen Schüler Professor D o p p l e r aus Prag, welcher Doktor der Filosofie, k. k. Bergrat und ebenfalls Mitglied der Akademie der Wissenschaften war; blieb jedoch ausserordentlicher Professor der „höhern Geodäsie."

R e u t e r, welcher jetzt in einer andern Eigenschaft am Institute war, wurde neuerdings von H a u k e supplirt.

Die Vorlesungen über Mineralogie, Geognosie und Botanik waren nicht mehr ausserordentliche, sondern wurden von dem ordentlichen Professor Dr. F. L e y d o l t gehalten.

A u s p i t z gieng einer andern Bestimmung zu, nachdem K. L a n g n e r Professor des betreffenden Gegenstandes an der kommerziellen Abtheilung und der Realschule wurde; P a b l a s e k habilitirte sich als Privat-Dozent für den Geschäftsstyl und die deutsche Poesie.

Georg K u r z b a u e r bekam die Lehrkanzel für das Merkantilrechnen und die Buchhaltung, welche A u s p i t z provisorisch besorgte.

Ausser den schon erwänten Privatdozenten traten auf:

Dr. J. K a i s e r für Nazionalökonomie und Gewerbsgesetzkunde;

---

*) Im Jahre 1848—49 waren bekanntlich die Vorlesungen noch nicht aufgenommen worden.

Dr. A. Schmidt, Aktuar der Akademie der Wissenschaften, für die Erdkunde;
Dr. H. Demel für Logik, Psychologie und Moral;
Dr. J. Zampieri für ebene und sfärische Trigonometrie;
R. Schrötter für konstruktives Maschinenzeichnen;
Ritter von Winiwarter über konstruktive Mechanik;
J. Lobpreis für die lateinische und griechische Sprache;
H. Pöschl für die lateinische Sprache;
R. Eitelberger v. Edelberg für die Kunstgeschichte;
Ph. Rothkögel, Professor an der Theresianischen Ritterakademie, für die Landwirtschaft und Forstlehre;
M. Reinscher für die Pyrotechnik;
H. Schweinsberg für die Chemie und
J. Högel für die englische Sprache.

Die Anzal der Hörer hat nach dem 48iger Jahre sehr abgenommen, aber nicht blos am hiesigen, sondern auch am prager und andern technischen Lehranstalten.

Um sich eine Vorstellung von der Bewegung des Besuches machen zu können, sei erwänt, dass in den Jahren 1825 bis 1840 sich die Hörerzal von 500 allmälich bis 1000 vermehrte, von da an bis zum Jahre 1847 bis auf 2000 zunahm. In den Jahren 1850 und 1851 waren dagegen nur 1500—1600 Zöglinge am Institute.

Die Realschule erzog durchschnittlich 300—400 Jünglinge *).

Durch die endliche Errichtung der neuen Realschulen am Schottenfelde und auf der Landstrasse nach dem Organisazionsplane vom Jahre 1849 **), wodurch nicht nur für die gewöhnliche und notwendigste Ausbildung des Bürgerstandes gesorgt, sondern auch eine den technischen Studien angemessene Vorbereitungsschule geschaffen wurde, war die zweifache Aufgabe der Schule: Vervollkommnung der allgemeinen Menschenbildung ohne Rücksicht auf die einzelnen Zweige der Thätigkeit und Vor-

---

*) Technische Abtheilung 1841, 850; 1843, 1023; 1845, 1358; 1847, 1597; und 1851, 910. Im Jahre 1847 waren in Prag gegen 800 Hörer der Elementarmathematik.

**) Die erste derartige Schule trat 1850 in Pressburg ins Leben.

bereitung auf den besonderen Lebensberuf, vollständig erfüllt und die altersschwache und zu einseitige Realschule am Institute überflüssig geworden. Da man es aber für notwendig hielt, älteren Leuten, denen man nicht mehr das sechs Jahre wärende Studium an einer Realschule zumuten konnte, trotz des Mangels an allgemeiner Bildung, den Weg in die Zentralbildungsanstalt für Gewerbe nicht abzuschneiden, so errichtete man schon im Jahre 1851 einen Vorbereitungsjahrgang, durch welchen man Gelegenheit hatte, in die Technik mit dem „allernotwendigsten" ausgestattet einzutreten. Man hatte nämlich von dem ursprünglichen durch die „Verfassung" gewärleisteten freien Eintritt (die einzige Bedingung vollendetes 16. Jahr) Umgang genommen.

Obwol sehr viel Missbrauch mit der Lizenz, die der Vorbereitungsjahrgang vermittelte, getrieben wurde, so erwies sich dieselbe, wenn man schon überhaupt die Aufname beschränkte, insoferne zweckmässig, als manches Talent auf diese Weise zur Geltung gelangte; — übrigens hätte die Einführung einer Maturitätsprüfung an den Realschulen, welcher jeder Kandidat für den Besuch der Technik, ob Realschüler oder nicht, sich hätte unterziehen müssen, eine Maturitätsprüfung über die Realien allein nämlich, dieselben Dienste geleistet. Auf eine solche Maturitätsprüfung hätte sich ein mehr als 16 Jahre zälender Mensch auch ohne Vorbereitungsjahrgang vorbereiten können.

Den Nutzen, den hingegen die Realschulen, trotz mancher ihnen noch anhaftenden Mängel, überhaupt und insbesondere für die Technik leisten, hier auseinanderzusetzen ist umsomehr überflüssig, als dies an andern Orten bereits zur Genüge geschehen ist.

Der Vorbereitungsjahrgang enthält: Elementarmathematik, Experimentalfisik, Naturgeschichte, Stylistik und Zeichnen, gelehrt von den Professoren oder eigentlich grossentheils von den Assistenten derselben am Institute.

Der Vizedirektor, welchem früher die Leitung der Realschule oblag, wurde jetzt anderweitig verwendet und blieb nach wie vor ein integrirender Bestandtheil der Direkzion. Die Lehrer an der frühern Realschule blieben theils in der kommerziellen Abtheilung, oder traten in die Lehrkörper der neuen ein.

An Veränderungen in Organisazion und Personalstand sind noch nachzutragen.

Die Landwirtschaftslehre wird obligates Fach, Professor derselben, Dr. A. Fuchs; Lehrer der vulgar-arabischen Sprache: A. Edler v. Kremmer. „Einige Zweige der analytischen Mechanik und die höhere Ingenieurkunde" wurde als eigenes Fach aufgestellt und vom Regierungsrath, Professor A. R. v. Ettinghausen, bis Ende 1852 behandelt.

In der kommerziellen Abtheilung ist Dr. H. Blodig anstatt Höchsmann ernannt worden.

Hönig hielt ausserordentliche Vorlesungen über Mechanik und Markscheidekunst, Strassnitzky über Geschichte, über analytische Geometrie im Raume Salomon und über juristisch-kameralistische Arithmetik Beskiba, endlich über Zoll- und Staatsmonopolsordnung Blodig.

Neue Privatdozenten sind:

Konecny über böhmische Sprache, Glasl für die darstellende Geometrie, Zmarko, für einige Zweige der höheren Mathematik, dafür hörten auf zu doziren:

Kaiser, Pablasek, Demel, Schrötter, Winiwarter, Lobpreis, Pöschl, Rothkögel, Reinscher, Schweinsberg.

Mit Ende 1851—52 trat Burg von der Leitung des Institutes zurück; mit dem darauffolgenden Jahre hatte es einen militärischen Leiter. Ganz abgesehen von der betreffenden Persönlichkeit; bei aller Achtung vor dem Wehrstande, die man ja demselben wie jedem andern schuldig ist, war es ein grosser Missgriff, einen Ort, der nicht in Belagerungszustand versetzt ist, einem militärischen Gouverneur unterzustellen. Selbst, wenn alles mit der Person zufrieden war, so hätte man mit derselben nicht ein so unnatürliches Prinzip aufstellen sollen. Um so frappanter war dieser Wechsel, als der eben vorhergehende Direktor, der seine Ausbildung am Institute selbst genossen hatte, seine Laufbahn an demselben begonnen und an demselben fortsetzend den Gipfel wissenschaftlicher Berühmtheit mit Riesenschritten erklommen.

Der neue Direktor war der Oberst im Geniestabe Christian Ritter v. Platzer, wegen seiner Verdienste mit dem militärischen Verdienstkreuze, dem russischen St. Annenorden, dem ottomannischen Verdienstorden Nischan Iftichar und einem türkischen Ehrensäbel ausgezeichnet.

Einen empfindlichen Verlust erlitt das Institut durch den Tod des jetzt noch gefeierten Schulz von Strassnitzky. Seine Lehrkanzel musste unterdessen von S. Spitzer supplirt werden. Dafür ward aber die Lehrkanzel der praktischen Geometrie mit dem Professor am Joanneum F. Hartner definitiv besetzt. Die Professur der türkischen Sprache erhielt Moriz Wickelhauser, die der vulgar-arabischen Sprache wurde erledigt und für dieselbe J. Hassan bestellt.

Unter die Assistenten sind neu eingetreten, statt Hannimann: Machatschek, statt Heissig: Rud. Schnedar und Glasl, sämmtlich Assistenten der darstellenden Geometrie, welche seit 1850 in fünf Stunden gelehrt wurde: Skuhersky, Fialkowsky und Chokolusek; statt Schabus: Kosch, statt Gabriely und J. Schnedar, Assistenten der Bauwissenschaften: Krulis und v. Rettich. Die Stelle des unglücklichen Bézard war noch nicht besetzt.

Sämmtliche Privatdozenten vom vorigen Jahre wirkten nicht mehr am Institute; indessen sind zwei neue aufgetreten und zwar: J. Kugler, für „chirurgische Hilfeleistungen bei Notfällen" (eine sehr zweckmässige Einführung), und G. Rebhann, Beamter bei der Baudirekzion, für „Anwendung der Mechanik auf Zweige der Baukunst" (Ettingshausen's Fach).

Von den Lehrern ist Portelli zu streichen, J. Müller tradirte zum ersten und zugleich zum letzten male neugriechische Sprache.

In der Gewerbeschule trat an die Stelle Beisl's: J. Hieser.

Nur kurze Zeit währte die Wirksamkeit Platzer's. Noch vor seinem traurigen Ende folgte im Jahre 1853 der wegen seiner Tapferkeit ausgezeichnete Oberst, Karl Baron von Smola,

Ritter des militärischen Maria Theresien-Ordens, Besitzer des Militär-Verdienstkreuzes, Komthur des Hohenzoller'schen Hausordens und sachsen-weimar'schen Ordens vom weissen Falken.

Ettingshausen war vom Institute geschieden, um seine erspriessliche Thätigkeit in anderen Sfären fortzusetzen.

Für die Elementar-Mathematik wurde der ehemalige Zögling des Institutes, J. Kolbe, designirt, für die italienische Sprache Lenzi berufen.

Mit dem verflossenen Jahre trat Stampfer gänzlich aus dem Verbande des polytechnischen Institutes, indem er aufhörte höhere Geodäsie zu lehren. — Seine bedeutenden Leistungen auf wissenschaftlichem Gebiete sind weltbekannt.

Unter den Assistenten war J. Wastler Nachfolger Bézard's und Schnedar jener Skuhersky's, welcher Professor in Prag wurde.

In diesem Jahre wird zum ersten Male ein Kollegiengeld entrichtet und zwar von 24 fl. CM.

Im Jahre 1854—55 wurde Hauke Direktor der schottenfelder Oberrealschule, er schied daher vom Institute; die Warenkunde erhielt der Lehrer an der landstrasser Oberrealschule A. Machatschek als supplirender Professor, die Handelsgeografie aber Dr. A. Schmidt, Aktuar der Akademie der Wissenschaften.

Das Personale der Gewerbszeichnenschule wurde durch Hlubeck (an die Stelle Kraft's) vervollständigt; Tychi wurde ordentlicher Lehrer. Lenzi wurde von Benetelli, der zu früh verstorbene Heger aber durch den Juristen Passauer von Ehrenthal abgelöst. Die böhmische Sprache wurde von nun an am Institute nicht mehr gelehrt.

Spitzer setzte seine Carrière, die er am Institute als abgeschlossen betrachten musste, später an der wiener Handels-Akademie fort, Prentner, jetzt Professor in Brünn, gieng mit Spitzer. Assistenten Kolbe's und Salomon's wurden aber K. Helmer und K. Hessler. Machatschek hatte seinen Platz wieder für Hannimann, Schnedar für Blumberg geräumt. Preiss kam zur Lehrkanzel für Chemie und Kraft zu jener für Mechanik.

Im Jahre 1855—56 wurde Wesselsky, zweiter Adjunkt für die Chemie, v. Rettich, Krulis, Derffel, Preiss, Kraft und Fialkowsky hörten auf, dem Institute anzugehören und wurden ersetzt durch Seidl, für die Bauwissenschaften, Stahlberger, für die Fisik, Gonvers, für die Chemie, Fink, für die Mechanik und Sewčik, für die darstellende Geometrie.

Die „Vorschriften" für die Aufname *) enthalten zum ersten mal: „die Hörer der Elementar-Mathematik sind zum Besuche des vorbereitenden Zeichnungsunterrichtes verpflichtet." Diese sonderbare Beschränkung hörte bald wieder auf.

Das vorletzte Jahr unter Smola's Direkzion war das von 1856—57.

Nachdem der seit vielen Jahren dem Unterrichte dienende Professor Salomon gestorben war, musste die höhere Mathematik von seinem Assistenten supplirt werden, bis Hartner diese Vorlesungen übernam und mit der praktischen Geometrie der grazer Professor Dr. J. Herr betraut wurde. Kaum wäre jemand mehr berufen gewesen der Nachfolger Hartner's zu werden als der ehemalige Schüler und Gehilfe Stampfer's.

Hartmann v. Franzenshuld eröffnete für zwei Jahre Vorlesungen über analytische Geometrie im Raume.

Zum letzten Male lehrte im diesem Jahre die Technologie der Schöpfer dieser als Wissenschaft, der Veteran im Lehrfache, Professor Altmütter, welcher Anfangs 1857—58 verschied.

Die Stenografie wurde nun bis 1859—60 auch nicht mehr dozirt.

Statt Mayer, Adjunkt des Manufakturzeichnens kam Aichinger; Chochalonsek, Hannimann, Wastler, Gonvers, Hessler, Sewčik und Seidl wurden abgelöst durch Kammerer, Bisching, Glanz, Dr. Bauer, A. R. v. Burg, Bringmann und Schlimp.

Das letzte Jahr unter Smola war 1857—58.

Kulmer wurde nach dem Hingang Altmütter's supplirender Professor, Schmidt ist aus der Reihe derselben zu

---

*) Diese Bezeichnung ist seit 1853 üblich.

streichen. **Blumberg** und **Bringmann**, welche für die darstellende Geometrie Assistenten waren, verliessen das Institut, für dieses Fach aber kamen **Klaminger**, **Kosak** und **Niemtschik**. Für die Landbauwissenschaften wurde **Horky** acquirirt, für die Technologie — **Kessels**.

In diesem Jahre wurde mit Hilfe eines Unterstützungsfondes, der von Leydolt verwaltet und durch verschiedene Zuflüsse bis gegen 1000 fl. angewachsen war, ein „Verein zur Unterstützung würdiger und dürftiger Studirender am k. k. polytechnischen Institute" gegründet. Die Statuten wurden von einem gewälten Comité: **Stix**, **Barwich**, **Schaffer**, **Dittrich**, **Resch**, **Seling**, **Schaumburg**, **Exner** und einige andere, in mehreren Sitzungen am 3. Jänner vollendet, von **Smola** revidirt, — und im Oktober 1858 genehmigt. Die Vereinsleiter wurden vom Direktor ernannt und zwar die Professoren **Leydolt** und **Hönig**. Jetzt werden sie nach den im Jahre 1860 wesentlich verbesserten Statuten aus dem Professorenkollegium gewält. Der Verein zält dermalen beiläufig 60 Ehren- — 100 wirkliche Mitglieder, seine Einnamen, welche grösstentheils auch auf die Vereinszwecke gleich verwendet werden, belaufen sich auf circa 1600 fl., das vorhandene Kapital ist eben so gross.

Das Jahr 1858—1859 begann, die Direktorsstelle war noch nicht besetzt. Die technische Studentenschaft war gespannt darauf ob sie abermals einen militärischen Leiter bekommen sollte, man bezeichnete sogar schon eine bestimmte Persönlichkeit; eine andere Frakzion wollte wissen, dass man mit **Karmarsch** in Unterhandlung getreten, bis allen diesen Zweifeln die Wiener-Zeitung ein Ende machte.

Der Direktor des Joanneums und der mit demselben verbundenen Realschule Dr. G. **Haltmeyer**, in wissenschaftlicher Richtung durch geognostische Arbeiten bekannt, wurde vom Kaiser zu diesem bedeutenden Posten ernannt. Im November langte der neue Direktor in Wien an, und wurde durch den Unterstaatssekretär Baron **Helfert** den Studenten vorgestellt.

Gleich zu Anfang dieses Jahres traf die Technik ein harter Schlag. — Das Reichsgesetzblatt brachte nämlich im Oktober ein neues Heeresergänzungsgesetz, welches zwar durch Strenge überhaupt ausgezeichnet ist, welches aber insbesondere die Techniker ihres Rechtes mit den Universitätshörern auch in dieser Beziehung gleichgestellt zu sein — plötzlich beraubte. Die Hörer technischer Lehranstalten sollten nicht aber etwa blos unter schwieriger zu erfüllenden Bedingungen befreit sein *), nein sie wurden unbedingt militärpflichtig. Ob genial, talentirt, oder fleissig oder keines von allem, er sollte ohne Rücksicht auf die Zeit, die Mühe und die pekuniären Anstrengungen, die er dem Studium geopfert, vielleicht unmittelbar bevor er ein dem Staate durch die Art seiner Ausbildung ungemein nützliches Mitglied geworden wäre, unter die Reihe der Rekruten wandern, um im Falle des Friedens nach acht Jahren — ein unbrauchbarer Mensch zu sein! Wir haben theils durch die Humanität der mit der Exekuzion betrauten Organe, und wie es scheint auch durch das Walten der Vorsehung nicht viele solche Beispiele zu betrauern, aber schrecklich genug, wenn es nur ein einziges gäbe, — und dadurch wird das Gesetz nicht milder, und dadurch wird die Kränkung nicht geringer, welche der ganzen Industrie zu Theil wurde. Wollte man sich durch dieses Gesetz für die Kriegszeit ein Depôt von Intelligenz sichern, so täuschte man sich sehr, — denn wärend der unglücklichen Zeitläufte des Jahres 1859 giengen ungezwungen 10mal so viel unter die Fahnen, um mit Gut und Blut einzustehen für das Vaterland, — und so würde es immer sein, besonders wenn die Regierung bestrebt ist, die Jugend zu kräftigen und zu veredeln.

Trotzdem sich die öffentliche Meinung gegen das Gesetz aussprach, trotz den Schritten des Professorenkollegiums und der Direkzion blieb das Gesetz für die Techniker zwei Jahre aufrecht. Jetzt ist wenigstens das Prinzip der Militärfreiheit der Techniker gerettet und derselbe kann bei dem Takt der betreffenden Behörden wenigstens etwas ruhiger der hoffentlich baldigen Regelung der Verhältnisse entgegensehen. Die traurigste Periode hat die Technik schon überstanden.

---

*) Wie es jetzt seit dem 16. November 1860 der Fall ist.

Schmerzlich für das polytechnische Institut war auch der 10. Juni 1859, an welchem Tage Franz Leydolt durch einen schnellen Tod seiner Familie, seinen Hörern, dem Staate entrissen wurde. Den Rest des Jahres und das ganze darauffolgende hindurch supplirte die Mineralogie, Geognosie und Botanik sein ehemaliger Schüler A. Bisching, der durch seine Leistungen beitragen wird, das Andenken an seinen Lehrer zu erhalten.

Die praktische Geometrie erhielt für das Jahr 1858—59 in Niessl v. Mayendorf einen neuen Assistenten, die Wasserbauwissenschaft in R. Gunesch, die höhere Mathematik mit Haberl, die Chemie mit Lielegg.

In diesem Jahre trat auch ein Techniker-Gesangverein ins Leben.

Das Jahr 1859—60 eröffnete mit der Bekanntmachung von Disziplinarvorschriften für das polytechnische Institut, welche die Achtung vor demselben in innern sowol, als in auswärtigen Kreisen zu erhöhen kaum geeignet waren. Obwol, zur Ehre der Direkzion sei es gesagt, nur der §. 8 und auch der nur mit Widerstreben und im einem einzigen Falle zur Ausführung kam, und daher alle zusammen bald vergessen waren, müssen sie hier mitgetheilt werden, schon deshalb, damit der Leser sie selbst zu beurtheilen Gelegenheit habe. (?)

Disziplinar-Vorschriften
des
k. k. polytechnischen Institutes.

Der allerhöchst ausgesprochene Zweck des Institutes ist die Pflege der wissenschaftlichen Bildung überhaupt und der höhern technischen insbesondere. Damit dieser Zweck erreicht werde, ist die Befolgung nachstehender Gesetze notwendig.

1. Jeder Studirende soll in religiöser Beziehung den Vorschriften seiner Konfession gewissenhaft nachkommen.
2. Er soll in und ausser dem Institute ein sittliches Betragen beobachten, welches der Würde einer höheren An-

stalt und der eines gebildeten Mannes entspricht. Dadurch wird bedingt:
- *a)* Ehrerbietung gegen die Direktoren, Professoren und Achtung gegen die Kollegen.
- *b)* Beobachtung einer anständigen Ruhe und Stille in allen Räumen der Anstalt und Enthaltung vom Tabakrauchen auf den Stiegen und Gängen, in den Hör- und Zeichnungssälen.
- *c)* Vermeidung aller Beschädigungen an Einrichtungsstücken und Lehrmitteln des Institutes.

Wer einen solchen Schaden verursacht, hat ihn zu vergüten, und wenn der Schuldige unbekannt bleibt, haftet der ganze Jahrgang. (?) Wer sich einer vorsätzlichen Beschädigung schuldig macht, wird nach Massgabe der Grösse seines Vergehens, nebst dem Schadenersatze, noch besonders zur Verantwortung gezogen.

3. Die Vorlesungen und der Zeichnungsunterricht sollen sehr fleissig, d. h. ohne alle Unterbrechung besucht, die Studien aber fortlaufend mit jenem Eifer betrieben werden, den ein klares Bewusstsein der vorgesetzten Bestimmung fordert.

Die Frequentazion wird vorzugsweise durch das Verlesen der Kataloge, der Fortgang wärend des Jahres aber durch die Colloquien und Aufgaben überwacht. Wer in jener oder in diesem einen wesentlichen Mangel zeigt, verliert den Anspruch auf ein Frequentazionszeugnis, und wird bei nach erfolgloser Ermahnung anhaltendem Unfleis aus dem Katalog des betreffenden Faches gelöscht.

Im Falle eines vorauszusehenden Versäumnisses ist die Erlaubnis zum Wegbleiben für einen Tag bei den betreffenden Professoren, für mehrere Tage aber bei der Direkzion einzuholen.

Im Falle der Erkrankung hat jeder Studirende der Direkzion spätestens am zweiten Tage die Meldung hievon, mit Angabe der Wohnung, zukommen zu lassen, widrigenfalls die darüber ausgestellten ärztlichen Zeugnisse keine Giltigkeit haben.

4. Der Austritt während des Studienjahres soll der Direk-

zion angezeigt werden, weil das der zu beobachtende Anstand erfordert und weil es im Interesse des Studirenden liegen muss, dass er in den Katalogen keine nachtheiligen Bemerkungen hinterlasse.

5. Die Studirenden des Institutes oder einer Abtheilung desselben bilden keine Korporazion, sie können daher weder Versammlungen halten, noch Geschäftsführer oder Repräsentanten haben. Es sind somit Versammlungen zu anderen, als geselligen Zwecken, so wie Studentenverbindungen strenge verboten.

6. Die Arten der Ahndung disziplinarer Vergehen nach Massgabe der Grösse und Wiederholung derselben sind:

a) Ermahnung und Verwarnung durch den Direktor allein oder vor dem ganzen Lehrkörper.

b) Rüge durch den Direktor mit der Drohung, dass im Falle einer wiederholten, wenn auch geringen Straffälligkeit die Verweisung vom Institute unnachsichtlich erfolgen werde.

c) Die Verweisung vom Institute auf zwei Jahre.

d) Die Verweisung vom Institute für immer.

e) Verweisung von allen österreichischen Lehranstalten für immer.

7. Alle Studirenden unterstehen in Ansehung ihrer bürgerlichen Verhältnisse, so wie ihrer bürgerlichen Handlungen den allgemeinen Gesetzen und Behörden.

8. Wird ein Studirender wegen einer Uebertretung der bestehenden allgemeinen Gesetze von einer anderen Behörde in Untersuchung gezogen, so wird der Schuldige, im Falle die begangene Uebertretung auf die Institutsordnung oder auf die Ehre der Lehranstalt Einflus genommen hat, auch von Seite des Direktors nach den Disziplinargesetzen zur Verantwortung gezogen.

9. Nicht immatrikulirte Hörer, so wie Gäste, welche einzelne Vorlesungen besuchen, sind zur Beobac'.tung der Institutsordnung verpflichtet. Machen sie sich einer Verletzung derselben schuldig, so werden sie nach Umständen ermahnt, oder von dem Besuche des Institutes ausgeschlossen.

* * *

Mit dem Eindrucke, welchen dieses Ereignis hervorrief, kontrastirte jener sehr stark, welchen die Betheiligung der Technik an der Schillerfeier auf sie selbst und das Publikum machte.

Ueber 600 Techniker *) mit blau-weissen Schärpen, Fackeln und Ballons tragend, mit ihren Fahnen **) und Bannern, an der Spitze der Gesangverein, am Schlusse das Professorenkollegium, unmittelbar vor der Universität schreitend, nahmen an dem Fackelzuge Theil ***).

Die glänzende Mitwirkung des polytechnischen Institutes bei einer solchen Veranlassung machte demselben alle Ehre. Das Publikum empfieng die Techniker aller Orten mit lebhaften Zurufen, das Arrangement fand Anerkennung.

Da mit der Schillerfeier eine etwas freiere Bewegung unter den Studierenden begann, so soll auch in der Entwicklungsgeschichte des polytechnischen Institutes der 8. November 1859 als ein Freudentag verzeichnet sein.

Die Personalveränderungen im Jahre 1859—60 gehen aus dem 3. Abschnitte hervor.

*) Also mehr als ³/₄, wärend bei der Universität nicht ganz die Hälfte theilnahm.
**) Die eine grosse Fahne von blauer Farbe mit Silber, in jeder Beziehung ein Meisterstück, nach der Zeichnung van der Nüll's, trägt den Wahlspruch: „Rastlos vorwärts musst du streben, nie ermüdet stille stehen." Diese Fahne wurde von dem Professorenkollegium, das die Kosten des Materials trug, auf Vermittlung des Schillerfeiercomité-Mitgliedes Hessler den Hörern des Institutes gewidmet (nicht dem Gesangvereine). Eine zweite Fahne von der Akademie ausgeführt, eine Szene aus der Glocke: „Der Meister kann die Form zerbrechen etc." darstellend, wurde vom Comité angekauft. Beide werden im technischen Kabinet aufbewart. Der Gesangverein hatte ein von Lehmann gemaltes Banner mit den Emblemen des Gesanges und seinem Walspruch. Ausserdem wurden den Technikern noch zehn Banner zur Verfügung gestellt, welche jedoch wie das Gesangvereinsbanner nicht in den bleibenden Besitz übergiengen.
***) Die Vertreter der Techniker und des Gesangvereines im Zentral-Comité waren Ritter v. Umlauff, Derffel und Exner.

Was die Anzal der Hörer und Schüler im letzten Dezennium anbelangt, so nahm diese beinahe kontinuirlich ab.

Am bedeutendsten ist diese Abname in der kommerziellen Abtheilung gewesen. Den Vorbereitungsjahrgang machten im ersten Jahre seines Bestehens 419 mit, im Jahre 1859—60 eine zehnmal geringere Anzal. In der technischen Abtheilung studieren aber heute nur eben so viel als im Jahre 1841, nämlich etwas über 800.*)

I. Die Bibliothek.**)

Die Bibliothek ist entstanden: 1. aus der Büchersammlung, welche zu dem ehemaligen unter der Direkzion Widmanstetten's bestandenen, selbstständigen Fabriksprodukten-Kabinete gehört hatte; 2. aus den Büchern der ehemaligen Realakademie und endlich 3. aus jenem von Prechtl gelegentlich seiner Anwesenheit in Paris angekauften Werken.

Zur Vermehrung dieser so gebildeten Büchersammlung wurden die Immatrikulazionsgebühren angewiesen und ausserdem speziell zur Anschaffung von Zeitschriften 400 fl. ausgeworfen.

Die nicht unbedeutenden Geschäfte der Bibliothek besorgte der durch seine allgemeine Bildung und vielseitige Verwendung dazu ganz qualifizirte Professor J. Ph. Neumann***) mit Beihilfe des jeweiligen Assistenten, welcher aus persönlicher Anhänglichkeit für seinen Professor sich natürlich zu dieser ausserordentlichen Beschäftigung herbeilies.

Die erste Lokalität, in welcher die Bibliothek und zwar auf den alten Schränken des Fabriksprodukten-Kabinetes ziemlich kunterbunt untergebracht wurde, war die Kanzlei des Direktors.

---

*) 1853, 1047; 1855, 1039; 1857, 900; 1859, 1040 Hörer technischer Abtheilung.

**) Nach einem Manuskript des Professors J. Ph. Neumann, Sekretär des Institutes etc.

***) Früher am Lyceum in Graz Professor der Physik, noch früher zu Laibach Professor der griechischen Philologie etc.

Die erste bedeutende Revision (überhaupt die dritte) wurde von Neumann zum Behufe der Verfassung des Titelkopien-Kataloges, der alfabetisch angelegt war, vorgenommen. Damals gieng, wie er selbst erzält, jedes Blättchen durch seine Hände. Das ganze Jahr 1826 wurde beinahe damit zugebracht. Damals befand sich die Bibliothek schon am dritten Ort, nämlich im 2. Stocke des rechten Traktes und zälte, wie sich eben herausstellte, 2420 Werke.

Die Benutzung der Bibliothek konnte entweder im Lesesale stattfinden oder man entlehnte die Werke; jedoch war auch die erstere nur für „Mitglieder" des Institutes, also nicht für die Hörer möglich, indem es kein Dienstpersonal gab (bis 1842). Dennoch wurde dieses Gesetz nicht wörtlich gehandhabt, sondern auch die Mechaniker, Institutsbeamte, der eine oder andere Hörer wurden zugelassen. Der Lesesal war Montag, Dienstag, Donnerstag und Samstag drei, Freitag eine Stunde geöffnet.

Im Jahre 1828 mussten in Folge hoher Verordnung vom 30. April 42 Werke als verboten in die Universitäts-Bibliothek abgeliefert werden, wo sie bis heute aufgehoben sind. Hätten diese Bücher, ohne deren Benützung zu gestatten, nicht auch in der technischen Bibliothek bleiben können? Diese Massregel wiederholte sich noch einigemal. Zunächst 1833. (Jahrgang 1832 von Okens Itis war auch davon betroffen worden.)

Im Herbste 1840 kam die Bibliothek an ihren fünften, ihren jetzigen Aufenthaltsort, nachdem sie vom Risalit des Haupttraktes ausgezogen war. Es fand eine neue Aufstellung mit Rücksicht auf die Fächer statt. In den Jahren 1831—1834 waren zwei neue Kataloge zu dem Titelkopien-Kataloge angelegt worden.

Im Jahre 1842 geschah endlich die gänzliche Umwandlung der Bibliothek. Der Assistent der Fisik A. Martin wurde als zeitweiliges Aushilfsindividuum dem neukreirten Kustos beigegeben. Bei derselben Sitzung, in welcher das beschlossen wurde, genehmigte man auch einen Diener und dies war der noch jetzt wirksame Steinscherer (4. Jänner 1842).

Nun war auch der Zutritt der Hörer ermöglicht.

Der Bibliotheksvorsteher Neumann verfasste darauf im Auftrage der Regierung eine Instrukzion, welche zur Darnachachtung für die Zukunft von der Hofkommission genehmigt wurde. Diess war die letzte Arbeit Neumann's, denn nachdem im Jahre 1843 die Instandsetzung der Bibliothek beendet war, wurde Martin zum Kustos ernannt, und jener, nachdem er durch 28 Jahre das einzige und sämmtliche, immer fleissige Personale der Bibliothek war, mit folgenden Worten am 9. November (Z. 1463) von seiner Dienstleistung enthoben: „Nachdem nunmehr die neue Einrichtung beendigt und der Kustos in volle Wirksamkeit getreten ist, werden somit Herr Professor von Ihrer bisherigen Dienstleistung in der Bibliothek enthoben."

Von diesem Jahre angefangen wurde die Bibliothek mit jährlichen 2000 fl. CM. dotirt, was eine bedeutende Verminderung der bisherigen Zuflüsse war.

Bis zu dieser Zeit war die Bibliothek um 2789 Werke, also bis auf 5210 Nummern vermehrt worden.

In der Geschichte der Bibliothek ist jetzt nur noch die durch die gesteigerte Benützung und die fortwärende Vergrösserung notwendig gewordene Vermehrung des Personales anzuführen.

Im Jahre 1853 wurde ein Amanuensis K. Kreutzer angestellt, im Jahre 1858 aber avancirte dieser zum Rang eines Skriptors, und Amanuensis wurde Dr. F. Lukas.

II. Das Museum.

A) Im März 1816 benützte Prechtl die Gelegenheit des Ablebens des Hofrates von Bock und Pollack, um dessen wertvolle Sammlung von Mineralien um den Betrag von 10,000 fl. für die Realschule anzukaufen.

Dadurch wurde der Grund gelegt zu der Sammlung, welche von Riepl im geognostischen Sinne geordnet, bedeutend bereichert wurde.

Nachdem Riepl von der Anstalt geschieden war, wurde der bedeutendste Theil desselben einem andern ausserhalb des Institutes liegendem Zwecke zugewendet.

Der Rest in etwas chaotischem Zustande war im zweiten Stocke neben dem fisikalischen Kabinete aufbewart.

Als Dr. Leydolt die Einführung der Lehrkanzel in der technischen Abtheilung bewirkte, wurde diese unter Beischaffung der nötigen Mittel in ihr jetziges Sammlungslokale gebracht, in den Jahren 1848—50 mit Beihilfe der Assistenten geordnet und seit dieser Zeit regelmässig vermehrt. Leydolt's Verdienste um diese Sammlung dürfen nicht verkannt werden.

Leydolt legte auch ein Herbarium an, für Zoologie nur ist beinahe nichts vorhanden.

B) Was die Sammlung von Karten, Originalien und dergl. anbelangt, so waren zur Gründungszeit des Institutes gar grosse Schwierigkeiten vorhanden.

Da man durch Druck dieselben selten vermehrte und das in dieser Richtung vorhandene auf künstlerischen Wert Anspruch zu machen selten ein Recht hatte, so musste sich die Anstalt selbst durch den Fleiss der Lehrer und Schüler vorläufig einen Vorrat sammeln.

Im Jahre 1818—19 spendete der Vize-Direktor Reisser die Hälfte des Ertrages eines von ihm verfassten Lehrbuches (836 fl.) zum Ankaufe von „besseren Zeichnungsoriginalien" für die Realschule. Für das Manufaktur- und Blumenzeichnen wurden im Jahre 1823, 118 vom Prof. Fidler erzeugte Originalien als Grundlage einer Sammlung in dieser Richtung angeschafft.

Im Laufe der Zeit änderten sich die Verhältnisse, diese Sammlungen wurden bald entsprechender und ausgedehnter.

C) Im August 1816 machte der Grosshändler von Wayna dem polytechnischen Institute ein Geschenk mit 2000 fl. zur Begründung der Waarensammlung. Nachdem Hurtel 800 Artikel in Pittonis Materialwarenhandlung ausgelesen hatte, nahm dieser grossmütig keine Bezalung an, ja er verpflichtete sich sogar neu anlangende Artikel unentgeldlich einzuliefern.

Es wurden nun 1200 fl. von jenem Kapital der Bibliothek und nur der Rest der Sammlung der Warenkunde zugewendet.

Verlagsgeld wurde für die Sammlung anfänglich nicht festgesetzt, sondern der Professor der Naturgeschichte an der Realschule der auch Warenkunde lehrte, verwendete auf dieselbe was er für gut fand. Erst spät fand eine vollständige Trennung statt und dabei wurden 50 fl. C. M. als jährlicher Beitrag bestimmt.

D) Die Laboratorien, das chemische Präparatenkabinet. Die Laboratorien wurden, bei Gelegenheit der Regelung der Professorengehalte, jedes mit jährlich 2000 fl. bedacht, aber ausserdem wurden besonders jenem der allgemeinen technischen Chemie, welches das grössere ist, öfter ausserordentliche Beiträge bis zu 4000 fl. *) bewilligt. Bei dieser reichen Ausstattung und den Bemühungen der betreffenden Leiter konnte Prechtl mit Recht am Ende des ersten Dezenniums sagen: sie wären in Beziehung auf Ausdehnung und Einrichtung die ersten in Europa. Die Präparatensammlung hingegen ist mehr untergeordneter Natur.

Als das Laboratorium der allgemeinen Chemie das neue Lokale im rückwärtigen Trakt bezog, so gewann es damit wirklich grossartige Räumlichkeiten, wie sie auch jetzt kein anderes Laboratorium aufzuweisen hat.

E) Das mathematische Kabinet stand und steht im engsten Zusammenhange mit der mathematischen Werkstätte, daher gewann dasselbe, nur auf diese und ein sehr geringes Verlagsgeld von 500 fl. angewiesen, sehr langsam an Ausdehnung. Die der ersten k. k. Arcieren-Leibgarde gehörige Sammlung von fisikalischen und mathematischen Instrumenten (ehmals für die galizische Abtheilung in Gebrauch) wurde auf Antrag des Direktors Prechtl im Jahre 1817 vom obersten Hofmeisteramte dem polytechnischen Institute überlassen, wodurch das fisikalische und mathematische Kabinet einen ziemlich bedeutenden Zuwachs erhielten. Das letztere erhielt um diese Zeit eine sehr interessante Bereicherung, dadurch, dass die in der Registratur der nieder-österreichischen Landesregierung bis dahin aufbewarten Wiener-Originalmasse in dasselbe übertragen wurden.

Im Jahre 1820 wurde der mathematischen Sammlung ein

---

*) 1823 erhielt es 2000 im Jahre 1824 und 1825 je 3960 fl.

ausserordentlicher Beitrag zon 2500 fl. zu Theil, besonders um die zu den praktischen Vermessungen noch nötigen Instrumente anzuschaffen. In diesem Jahre lieferte auch die Werkstätte das erste Exemplar eines Reichenbach'schen Instrumentes ab. Ausserdem erhielt sie vom Generalquartiermeisterstabe einige Gegenstände als Geschenk und durch Tausch.

Als später Reichenbach selbst in Wien ankam und die Werkstätte ganz eingerichtet war, versorgte sie die Sammlung mit dem nötigen, und brachte sie auf den gegenwärtigen Stand.

F) Die Modellensammlung. Zu der Zeit als sämmtliche Sammlungen im neuen Gebäude untergebracht wurden, nämlich im Herbste des Jahres 1818, wurde für das Modellenkabinet die dem k. bairischen geheimen Rat Ritter von Wiebeking gehörige Modellen- und Maschinensammlung für Brücken- und Wasserbau angekauft. Der Direktor Prechtl machte deshalb eigens die Reise nach München, bei welcher Gelegenheit er zugleich die ersten Verabredungen mit dem Salinenrate Ritter von Reichenbach behufs des Ankaufes von Theilungs- und andern Vorbereitungsmaschinen aus seiner berühmten Werkstätte anknüpfte.

Einige Anerkennung verdient in Beziehung auf die Resultate dieser Reise auch der Präsident der Kommerzkommission Ritter von Stahl.

Im Jahre 1816 wurde das Verlagsgeld für das Kabinet auf 3000 fl. festgestellt. Bald darauf begann auch schon die Modellenwerkstätte viel zu arbeiten. Man begnügte sich aber nicht blos mit inländischen Erzeugnissen, so erhielt 1820 das Kabinet eine in Paris angefertigte Flachsbrechmaschine von Christiani.

Auch Aufnamen von Maschinen in der Umgebung Wiens wurden von den Hörern der Mechanik zu ihrer Uebung und zur Bereicherung des Modellenkabinetes vorgenommen.

Im Jahre 1825 waren schon 5 Säle mit schön gearbeiteten Modellen gefüllt.

Durch viele Geschenke, das grosse Verlagsgeld und die Modellenwerkstätte gewann es bald an Ausdehnung.

G) Ausser den Apparaten, welche das kaiserliche fisikalische Privatkabinet und die Realakademie besassen, trug noch zur ersten Bildung des fisikalischen Kabinetes die schon erwähnte Sammlung der Arçieren-Leibgarde bei.

Das Kabinet hatte jährlich über 1000 fl zu disponiren. Unter den Gegenständen, die das Kabinet in der ersten Zeit erhielt, ist besonders bemerkenswert die grosse Elektrisirmaschine mit zwei Scheiben von 64 Zoll Durchmesser, welche ihres Gleichen sucht.

Am Ende des zehnten Jahres war die Sammlung schon in vier Sälen der jetzigen Lokalität untergebracht.

II) Die mathematische und Modellenwerkstätte. Mit der Ernennung des Professor Arzberger war auch die erste Bedingung zur Einrichtung der Werkstätte erfüllt. Als Gründungskapital wurden im Juli 1816 5000 fl. bestimmt.

Unter den ersten Leistungen der Modellenwerkstätte ist die Herstellung einer Dampfmaschine anzuführen, welche zum Betrieb mehrerer Drehbänke und Schleifmaschinen verwendet wurde (1818).

Unter den Arbeitern in der Werkstätte zeichnete sich schon damals A. Javorsky aus.

Wärend nun schon die mechanische Werkstätte für die Kabinete thätig war, fing der Kompagnon Reichenbach's: Ertel an (1820), die astronomische Werkstätte mit den aus München mitgebrachten Maschinen einzurichten. Im Juni 1820 kam endlich von Reichenbach selbst an, um die grosse Theilscheibe aufzustellen und einzutheilen. Es war die grösste und vorzüglichste, die Reichenbach bis dahin konstruirt hatte *).

Am 26. Februar wurde Javorsky zum Leiter der bereits sehr thätigen Werkstätte ernannt.

Im Jahre 1822 hat sie schon die Steuerregulirungs-Kommission mit 5, und die Wiener-Neustädter Akademie mit einem Reichenbach'schen Theodoliten versehen. Im darauffolgenden Jahre erzeugte sie 28 solcher ausgezeichneter Instrumente.

*) In der Wiener-Zeitung vom 2. August 1820, rühmt Littrow alle Instrumente der Werkstätte ganz besonders an.

Den raschen Aufschwung zu verfolgen, den von nun an die Werkstätte und später unter Starke (Nachfolger Javorsky's unter der Influenz Stampfer's und Burg's nahm, ist nicht leicht zu verfolgen *).

Von geodätischen Instrumenten hat man aller Art in alle Welt versendet. Der Wert der Nivellier-Instrumente die in derselben erzeugt werden, wird nicht viel unter 100,000 fl. Oe. W. betragen.

Eine der hervorragendsten Leistungen der Werkstätte ist die Erfindung einer neuen Art Nivellirinstrumente, der sogenannten Stampfer'schen; übrigens sind alle Produkte dieser Werkstätte auf den Ausstellungen gerühmt und ausgezeichnet worden.

Das Personale stieg bis gegen die letzten 50er Jahre, wo 11 Mechaniker arbeiteten.

J) Die technologische Sammlung. Diese besteht aus dem Fabriksprodukten-Kabinet und der Werkzeugsammlung. Das erste bestand schon als solches vor der Gründung des Institutes und bildete mit demselben vereinigt eine breite Basis für ein derartiges Museum. Die Werkzeugsammlung musste aber erst fundirt werden, und dies geschah erst im Jahre 1818. Es wurden nämlich bei der schon erwähnten Aufstellung im neuen Gebäude alle Doubletten des Fabriksprodukten-Kabinetes ausgeschieden und verkauft. Die dadurch erzielte Einname von nahe 4000 fl. wurde zur Anschaffung von Musterwerkzeugen verwendet. Das Fabriksprodukten-Kabinet mit einem Verlagsgelde von 2000 fl. zälte schon 5000 Exemplare und wurde unter andern durch die vom Kaiser auf seinen Reisen gesammelten technologischen Merkwürdigkeiten bereichert. Diese und die andern Sammlungen erregten schon so das Interesse des Publikums, dass man von der Bestimmung der Verfassung, der Eintritt sei nur gegen Karten gestattet, abgieng, und die Sammlungen an Samstagen Vormittags für Jedermann geöffnet waren. Viele Fremde und Inländer aus den höchsten Geschlechtern zeigten Theilname für

---

*) Javorsky starb von Kummer gebeugt im Jahre 1831 im Wienflusse.

das Institut und besuchten dasselbe. Unter ihnen der Kronprinz Ferdinand und seine Brüder, der Grossfürst Michael von Russland, die Prinzen von Preussen, von Oranien u. a. m.

Im Jahre 1818 versendete die Direkzion 10000 Einladungen an die Fabriksbesitzer und Gewerbevorsteher zur Einschickung von Musterstücken für das Kabinet. Sowol in dieser Beziehung als überhaupt verdankt es, wie G e r s t n e r versichert, sehr viel der Kommerz-Hofkommission und ihrem Präsidenten. Die Einladungen hatten schon in diesem Jahre einen nicht unbedeutenden Erfolg. Im Mai 1820 besass das Kabinet schon 9000 Stücke Für dasselbe bestimmte um diese Zeit der Grosshändler P a t e r a 1500 fl. W. W., welcher Beitrag mit dem Verlagsgeld zum Ankauf von 1200 theils englischen Werkzeugen bestimmt wurde.

Im Jahre 1822 war die Sammlung schon so bedeutend, dass man es der Mühe wert fand, sie ausführlich zu beschreiben. Das Fabriksprodukten-Kabinet enthielt nun schon 20,000 Musterstücke.

Der Zustand der Sammlung am Ende des 10. Jahres war ein mehr als zufriedenstellender. Sie dehnte sich schon auf 20 Säle aus und bot ein glänzendes und vollständiges Bild der Nazionalindustrie dar. Sie war in jeder Richtung die einzige in ihrer Art. Besonders erregte aber der integrirende Bestandtheil derselben, die Werkzeugsammlung, Aufsehen und fand auch bald Nachahmer (Athen 1824, später Hannover etc.) *).

Sie ist wertvoll und instruktiv. Letztere Eigenschaft beweist schon der Umstand, dass die Beschreibung dieser Sammlung durch A l t m ü t t e r als Vorlesebuch für die Technologie noch jetzt verwendet wird.

Erst vollends immense Ausdehnung gewann die Sammlung, als später mit derselben das k. k. technische Kabinet des Kaisers Ferdinand vereinigt, das Verlagsgeld auf 3990 fl. erhöht und ein eigener Kustos, J. R e u t e r, k. k. Rat, aufgestellt wurde.

---

*) Künftiges Jahr wird eine solche Sammlung auch in Prag ins Leben gerufen werden.

Sie ist jetzt ein wahrhaft grossartiges Museum, welches die Beachtung der Nazion mehr verdiente, als sie diese besitzt.

Diese Sammlung, so wie die andern, sind auf Ansuchen des n. ö. Gewerbevereines jetz auch an Sonntagen geöffnet.

III. Der polytechnische Verein.

Trat auch das polytechnische Institut leider in dieser Eigenschaft nie ins Leben, so hat doch dasselbe manche Leistungen aufzuweisen, die ihm als „Verein" intelligenter Männer zukommen, welche Leistungen daher weder dem Institut als Lehranstalt, noch dem Institut als Museum zugeschrieben werden können, also hier behandelt werden sollen.

Im Oktober 1816 wurde in der mechanischen Werkstätte ein erster Versuch mit Steinkohlengas-Beleuchtung gemacht und auf mehrere Theile des Institutes ausgedehnt, um ein praktisches Beispiel jener Beleuchtungsart zu geben, welche in London schon so ausgedehnte Anwendung hatte. Mit dem Gaserzeugungsapparat wurde in demselben Ofen ein Dampfkessel untergebracht, welcher zur Speisung der Heizröhren diente. Die Feuerung dieser beiden Apparate wurde mit den in der Retorte gewonnenen Coaks vorgenommen. Dieser Versuch war der erste am Kontinent und hatte den schönen Erfolg, einen grösseren zu veranlassen, bei welchem zwei Strassen der Stadt durch vier Monate beleuchtet wurden.

Die eben berührte Dampfheizung wurde im Jahre 1819 mit dem besten Erfolge im ganzen neuen Gebäude angewendet. Der Ofen befand sich im Keller, die Gänge waren frei von Heizöffnungen, die ganze Einrichtung dürfte damals die grösste ihrer Art gewesen sein.

In neuerer Zeit führte Dr. Hessler die elektrische Zeittelegrafie, d. h. Uhren ein, welche von einer Normaluhr regulirt werden.

Noch mehrere mehr oder minder bedeutende solche Beispiele könnten angeführt werden.

In erster Reihe jedoch gehört hieher die Herausgabe der Jahrbücher, welche vom Jahre 1819 nur bis 1839 fortgesetzt wurde. Diese Jahrbücher lieferten einen rühmlichen Beweis von der Thätigkeit und den wissenschaftlichen Verdiensten der Professoren und sonach des Institutes, sie waren der Berichterstatter über die Fortschritte der in- und ausländischen Industrie, ein reicher Born technischen Wissens. Sehr bedauerlich ist es, dass die Herausgabe aufhörte, noch bedauerlicher, dass sie nicht wieder aufgenommen wurde, um so bedauerlicher, da ja selbst jede Mittelschule ihr Organ hat, Aufschluss zu geben über ihren Zustand und über ihr Wirken.

Ein solcher Aufschluss mangelt bei dem polytechnischen Institute in Wien, bei einer der grossartigsten Anstalten der Welt, gänzlich.

Dritter Abschnitt.
Der gegenwärtige Zustand des polytechnischen Institutes.

Begibt man sich aus der innern Stadt durch die Wüste, welche die Stadterweiterung in unglaublich kurzer Zeit geschaffen, zu dem polytechnischen Institute und stellt man einen Vergleich an zwischen diesem Prachtbau aus dem Anfange unseres Jahrhunderts, welcher uns wie ein Zeuge aus der Vergangenheit mit erhabenem Ernste entgegentritt, und jener Szene von Zerstörung und Schöpfung, die so tragisch und langsam sich abspielend, theils im Einklang theils im Widerspruch mit der Gegenwart steht; so fühlt man sich von dem Denkmal grossartigen Strebens und kaiserlicher Munificenz unwillkürlich angezogen. Betritt man die geräumigen Höfe oder die hellen breiten Stiegen und Gänge, oder die kolossalen Räume für Sammlungen und Unterricht; — überall macht der schöne Bau einen günstigen Eindruck auf den Beschauer. Er ist, wie es bei jedem künstlerischen Produkt der Fall sein soll, der materielle Ausdruck seines geistigen Inhalts, die erhabene Bestimmung ist deutlich ausgeprägt. Obwol die einzelnen Theile desselben, wie aus dem vorigen Abschnitte hervorgeht, in verschiedenen Zeitperioden entstanden sind, trägt das ganze Bauwerk einen harmonischen Charakter.

Die Entstehungsgeschichte des innern Aufbaues, aus welcher zwar der dermalige Umfang und die Gestalt desselben leicht zu entnehmen wäre, findet erst durch die übersichtliche Darstellung des Resultates einen vollkommenen und ruhigen Abschluss.

I. Das polytechnische Institut als Lehranstalt.

Als solche enthält es zwei Abtheilungen:

1. Die technische und 2. die kommerzielle.

Ausser diesen beiden Abtheilungen befinden sich am Institute noch:

3. Der Vorbereitungsjahrgang für jene, deren Vorbildung den festgesetzten Bedingungen nicht entspricht und die des vorgerückten Alters wegen nicht mehr an eine Mittelschule gewiesen werden können.

4. Die Gewerbs-Zeichnenschulen, in denen jeder, der sich irgend einem industriellen Zweige widmet, den entsprechenden Zeichnungsunterricht erhalten kann.

A) Lehrgegenstände.

1. Die technische Abtheilung.

Zal d. wochentl. Lehrstund.

Die Elementarmathematik. Sie umfasst die Algebra von den quadratischen Gleichungen angefangen, die Trigonometrie und die Elemente der analitischen Geometrie 7

Der Assistent hält die gleichlaufende Repetizion.

Die reine höhere Mathematik. Sie umfasst die Lehre von den Funkzionen, die höheren Gleichungen, die Wahrscheinlichkeitsrechnung, die Differenzial-, Integral- und Variazionsrechnung 10

Dem Vortrage läuft die Repetizion parallel.

Vorkenntnis: Elementarmathematik.

Die Fisik in ihrem ganzen Umfange 5

Vorkenntnis: Elementarmathematik.

Die darstellende Geometrie 5

Gleichlaufend der Zeichnungsunterricht 10

Vorkenntnis: Elementarmathematik.

Die Mechanik und Maschinenlehre. Sie begreift die Grundsätze der Mechanik und Hydraulik mit Hilfe der höhern Analysis 5

Den Vorträgen reiht sich der Unterricht im Zeichnen an mit Vorträgen des Assistenten 10

Vorkenntnisse: höhere Mathematik, Fisik, Geometrie.

Die praktische Geometrie. Sie umfasst die Feldmesskunst, das Nivelliren, die Elemente der Landesvermessung und Kartentheorie ...., ... 5

Zal d. wochentl. Lehrstund.

Der Unterricht im Situazionszeichnen 10
  Vorkenntnis: höhere Mathematik.
Die Landbauwissenschaft in ihrem ganzen Umfange, die Baubuchhaltung, dann die Lehre der Vorausmasse, Ueberschläge und Amtsmanipulazion 7½
Das Zeichnen architektonischer Pläne unbeschränkt.
Die Wasser- und Strassenbauwissenschaft in ihren verschiedenen Zweigen mit der dahin gehörigen Bauökonomie . 7½
Das Zeichnen hydrotechnischer Pläne unbeschränkt.
Die Mineralogie, wissenschaftlich und mit steter Berücksichtigung der technischen Zwecke 3
  Vorkenntnisse: Elementarmathematik, Fisik.
Die Geognosie und Paläontologie als selbstständige Wissenschaft 3
  Vorkenntnis: Mineralogie
Die Botanik, wissenschaftlich mit Rücksicht auf Industrie . . 3
Die Zoologie und Paläontologie 3
Die allgemeine Chemie, organische und anorganische 6
  Vorkenntnis: Fisik.
  Denjenigen, welche bereits Chemie studirt haben, ist im Laboratorium Gelegenheit geboten, sich praktisch auszubilden.
Die chemische Technologie, in zwei Semestralkursen und zwar im ersten: Alkalien, Erden und Kohlenhydrate, im zweiten: Fette, Thier- und Pflanzenfasern 6
  Vorkenntnis: allgemeine Chemie.
  Auch dieser Lehrkanzel ist ein Uebungslaboratorium beigegeben.
Die Technologie oder Darstellung der auf empyrisches Verfahren gegründeten Künste und Gewerbe 5
Die Landwirtschaftslehre in vollem Umfange wissenschaftlich begründet 5
  Exkursionen unter Führung des Professors.
Das vorbereitende technische Zeichnen in Begleitung erläu-

Zal d. wochentl. Lehrstund.

ternder Vorträge eines Assistenten mit Rücksicht auf das
Bau- und Maschinenzeichnen 10
endlich das Blumen- und Ornamentenzeichnen 5
2. Die kommerzielle Abtheilung.
Die Handelswissenschaft. Darstellung des Güterlebens und
die Lehre vom Handel, nebst Einbeziehung der Handels-
geschichte 5
Das österreichische Handels- und Wechselrecht. Vorkenntnisse: Die Handelswissenschaft 3
Der kaufmännische Geschäftsstyl in zwei Abtheilungen,
jede zu 4
Die Merkantil-Rechenkunst nebst der Münz-, Mass- und Ge-
wichtskunde 5
Die kaufmännische Buchhaltung 4
Die Warenkunde, die Lehre von der richtigen Erkenntnis
und Beziehungsart der im Handel vorkommenden Stoffe . 3
Die Handelsgeografie in zwei Abtheilungen à 3
Ausserordentliche Vorlesungen über:
Juridisch-politische und kameralistische Arithmetik 3
Anwendung der Lehren der Mechanik auf einzelne Zweige
der Baukunst 3
Nazionalökonomie mit Berücksichtigung des Handels und der
Gewerbe 2
Oesterreichische Gewerbgesetzkunde, Sommersemester . . . 1
Sfärische Astronomie 3
Allgemeine vergleichende Statistik 5
Verwaltungslehre mit Hervorhebung der österreichischen Ge-
setzgebung 2
Kapitalien- und Rentenversicherungen 1
Chirurgische Hilfeleistungen 2
Kalligrafie 3
Stenografie nach Gabelsberger. Zwei Kurse, jeder 3
Sprachen. Die türkische 5
Die persische 5
Die vulgär-arabische 6

	Zal d. wochentl. Lehrstund.
Die italienische Sprache u. Literatur, zwei Abtheilungen, jede	3
Die englische Sprache u. Literatur, zwei Abtheilungen, jede	3
Die französische Sprache u. Literatur mit deutschem Vortrage	3
mit französischem Vortrage	2

Der Unterricht in den Sprachen, mit Ausname der französischen und englischen, ist für Jedermann unentgeldlich, in diesen hingegen nur für Techniker.

Im Vorbereitungsjahrgang: Die Elementarmathematik bis zu jenen Theilen, die in der technischen Abtheilung gelehrt werden	8
Die Experimentalfisik	4
Die Naturgeschichte	3
Die deutsche Aufsatzlehre	6
Das Zeichnen	

In der Gewerbszeichnenschule:

Das vorbereitende Zeichnen: *a)* freie Handzeichnung (Ornamente, Pflanzen, Figuren etc.); *b)* geometrisches Zeichnen.

Das Manufakturzeichnen. Auch das Vorrichten des Webstuhles wird in dem für die Musterzeichnungen notwendigen Umfange gelehrt.

Der Zeichnenunterricht für sämmtliche Baugewerbe und Metallarbeiter.

Der populäre Unterricht im Zeichnen von Maschinen. In den Sälen wird täglich von 8—12, an Sonn- und Feiertagen von 9—12 Uhr gelehrt.

Die populären Sonntagsvorlesungen für Jedermann haben zum Gegenstande:

Arithmetik, Geometrie, Mechanik und Fisik.

B) **Verbindung beider Abtheilungen unter einander und mit der Vorbereitungsklasse.**

Diese ist seit dem Entstehen der Anstalt gleich geblieben und entspricht auch jetzt noch vollkommen der Verfassung.

C) **Organisazion der Lehranstalt.**

a) Akademische oder Schulverfassung.

In dem Vorbereitungsjahre findet die gewöhnliche Schuldisziplin statt.

In den beiden Abtheilungen ist die jetzt schon ziemlich verschollene „Disziplinarordnung" massgebend. Sehr akademisch ist dieselbe nicht und entspricht auch nicht der „Verfassung," welche so sehr liberal war.

Die Prüfungen werden von den Professoren ohne Beisein irgend eines andern Prüfungskommissäres, in manchen Fächern sogar gemeinschaftlich mit den Assistenten abgehalten. Die Klassifikation ist in den meisten Lehrgegenständen nicht von der Prüfung allein, sondern auch von der „Verwendung" abhängig.

Die Aufnamsbedingungen sind nicht immer dieselben geblieben (s. die Verfassung); nur die Matrikelgebühr (10 fl. W. W.); nic it aber blieb die Unentgeldlichkeit der Vorlesungen. Die erste Rate mit 12 fl. 60 kr. öst. W. muss beim Eintritte zugleich mit der Matrikelgebühr entrichtet werden.

Die Ferien werden nicht gleichmässig mit der Universität gegeben, sondern mit etwas grösserer Sparsamkeit, wie es bei technischen Studien notwendig zu sein scheint. Ferialtag ist der Samstag. Die Vorlesungen beginnen mit Oktober.

b) Personale und dessen Verhältnis.

Das Institut nach allen seinen Zweigen ist dem Direktor untergeordnet, dermalen Dr. G. Haltmeyer, Mitglied mehrerer gelehrten Gesellschaften.

Ihm zunächst stehen die Professoren. Man unterscheidet ordentliche und öffentliche, ausserordentliche und endlich supplirende Professoren. Dieselben, nach der Dauer ihrer Dienstzeit geordnet, sind:

Adam Ritter von Burg, k. k. Regierungsrat, Professor der
 Mechanik und Maschinenlehre, Ritter des k. k. Leopolds- und
 vieler anderer hoher in- und ausländischen Orden, Inhaber
 mehrerer Medaillen für Kunst und Wissenschaft, Mitglied der
 kaiserlichen Akademie der Wissenschaften, mehrerer in- und
 ausländischer Gesellschaften, Akademien und Vereine, erster
 Vize-Präsident des n. ö. Gewerbevereines, Mitglied der wis-

senschaftlichen Prüfungskommission für Realschullehramtskandidaten, derzeit Administrator der ersten priv. österr. Donau-Dampfschifffahrtsgesellschaft und Ehrenbürger von Wien.

Ferdinand Hessler, Dr. der Filosofie, Professor der Fisik, korrespondirendes Mitglied der k. Akademie der Wissenschaften und mehrerer wissenschaftlicher Gesellschaften und Vereine, Mitglied der Prüfungskommission für Lehramtskandidaten an Realschulen und derzeit Gemeinderat von Wien.

Anton Schrötter, Professor der Chemie, Ehrendiktor zu Halle, Ritter des k. k. Franz Josef-Ordens und der franz. Ehrenlegion, Sekretär der Akademie der Wissenschaften, Mitglied mehrerer Gesellschaften.

Josef Stummer, Professor der Bauwissenschaften, Ritter des preuss. rothen Adlerordens 3. Klasse, Besitzer der goldenen Medaille für Kunst und Wissenschaft, und der Medaille 1. Klasse der pariser Weltausstellung, Präsident der Direkzion der Nordbahn, Vizepräsident des Verwaltungsrates der Karl Ludwig Bahn, Verwaltungsrat der kärnthnerischen Eisenbahn.

Johann Hönig, Professor der darstellenden Geometrie, Mitglied mehrerer Kommissionen etc.

Adalbert Fuchs, Professor der Landwirtschaftslehre, Doktor der Medizin und Filosofie, beständiger Sekretär, Kanzleidirektor und Mitglied des Zentralausschusses der k. k. Landwirtschaftsgesellschaft in Wien, Mitglied mehrerer gelehrten Gesellschaften.

Friedrich Hartner, Professor der höhern Mathematik.

Josef Kolbe, Professor der Elementarmathematik.

Josef Herr, Professor der praktischen Geometrie, Doktor der Filosofie, Redakteur der Ingenieurvereinszeitschrift etc.

Ferdinand Hochstätter, Professor der Naturgeschichte, Doktor der Filosofie etc.

Jakob Reuter, k. k. Rat, Professor der Technologie, Kustos des technischen Kabinetes, Ritter des preuss. rothen Adlerordens 3. Klasse, des baierischen Zivilverdienstkreuzes, des grossherzoglich hessischen Ludwig-Ordens, Mitglied mehrerer Vereine etc

Alle diese für die technische Abtheilung.

Für die kommerzielle:

Georg Kurzbauer, für die Buchhaltung und das Merkantilrechnen.

Karl Langner, Professor des Handels-Geschäftsstyles und supplirender Professor der Handelsgeografie

Hermann Blodig, Professor der Handelswissenschaft und des Handels- und Wechselrechts, Doktor der Filosofie und der Rechte.

Für beide Abtheilungen:

Anton Fiedler, Professor des Blumen- und Ornamentenzeichnens.

Moriz Wickerhauser, Professor der türkischen Sprache, Inhaber der goldenen Medaille für Kunst und Wissenschaft, Professor der morgenländischen Sprachen an der k. k. orientalischen Akademie, Besitzer des osmanischen Verdienstordens und des Medschidie-Ordens, Mitglied mehrerer Gesellschaften.

Heinrich Barb, Professor der persischen Sprache, Hof- und Ministerialkonzipist im Ministerium des Aeussern, k. k. n. ö. Landesgerichts-Dollmetsch, Besitzer des goldenen Verdienstkreuzes, des persischen Löwen- und Sonnen-Ordens, des osmanischen Medschidie-Ordens.

Hugo Franz Brachelli, Doktor der Filosofie, Professor der Statistik, Inhaber der hannoverischen, grossherzoglich sächsisch-koburg-gothaischen Medaille für Kunst und Wissenschaft, Verwaltungsrat des „Phönix," Mitglied mehrerer Gesellschaften und Vereine.

Als supplirende Professoren wirken für die Warenkunde:

Adolf Machatschek, Doktor der Filosofie, ordentlicher Lehrer an der k. k. Oberrealschule auf der Landstrasse, Mitglied mehrerer Gesellschaften,

und für die chemische Technologie:

Josef Pohl, erster Adjunkt der Chemie, Professor der Technologie an der militär-administrativen Lehranstalt, Dozent über industrielle Mikroskopie, Doktor der Filosofie, Mitglied mehrerer gelehrten Gesellschaften

An die Professoren reihen sich die Lehrer und Dozenten:

Wilhelm Westmann für die Gewerbszeichnenschule bei den Baugewerben und Metallarbeiten.

Thomas Friedrich, für den vorbereitenden Zeichnungsunterricht daselbst.

Josef Tichy, für das Manufakturzeichnen.

Anton Hlubek, für das Maschinenzeichnen an der Gewerbszeichnenschule.

Anton Hassan, Lehrer der vulgar-arabischen Sprache, auch Lehrer derselben an der Universität.

Franz Benetelli, Lehrer der italienischen Sprache und Literatur, auch an der k. k. Theresianischen Ritterakademie.

Georg Legat, für die französische Sprache und Literatur, auch Lehrer derselben an der Universität und an der k. k. Oberrealschule auf der Landstrasse.

Jakob Klaps, ausserordentlicher Lehrer der Kalligrafie, Lehrer an der k. k. Oberrealschule.

Georg Rebhann, k. k. Ministerial-Oberingenieur, Ehrendoktor in Giessen, Verwaltungsrat des österreichischen Ingenieurvereins, Dozent über Anwendung der Mechanik auf Zweige der Baukunst.

Johann Högel, Dozent für die englische Sprache und Literatur.

Johann Kugler, Operateur, Mitglied mehrerer Gesellschaften, Dozent über chirurgische Hilfeleistungen bei Unglücksfällen.

Karl Hessler, Dozent für Kapitalien- und Rentenversicherungen, Lehrer an der Wiedner Kommunal-Oberrealschule, Generalsekretär des Versicherungsvereines „Austria."

Johann M. Schreiber, Lehrer der Stenografie an der k. k. Universität.

Adjunkten:

Franz Fröhlich, Martin Beisl, Karl Schmidt und Josef Aichinger an der Gewerbszeichnenschule, Filipp Wesselsky, 2. Adjunkt für die Chemie, Rudolf Freiherr von Kulmer für die Technologie.

Assistenten:

A. Bisching, Supplent für die Botanik und Zoologie, Assistent für die Mineralogie.
H. Kessels für die Technologie.
A. Lielegg, für die allgemeine Chemie.
J. Haberl, für die höhere Mathematik.
J. Schram, für die Elementarmathematik.
A. Schell, für die praktische Geometrie.
R. Niemtschik, für die darstellende Geometrie.
J. Schubert, „ „ „
J. Schlesinger, „ „ „
J. Scheybek, für die Wasserbauwissenschaften.
J. Schrittwieser, für die Landbauwissenschaften.
Rudolf Ritt. v. Grimburg, für die Mechanik.
Johann Schober, für die Fisik.

Die Besoldung des ganzen Lehrpersonales ist unverhältnismässig gering und nur zu sehr historisch.

Zum Personale des polytechnischen Institutes gehören auch die Beamten der Direkzionskanzlei. Es sind deren dermalen sechs; nämlich ein Kassier (J. Lippert), ein Kontrolor (M. Kansswald), ein Protokollist (S. Hübler), zwei Kanzellisten (J. Nastaschin und J. Müller) und ein Diurnist (J. Kuffner). Ausserdem praktizirt immer ein Individuum (A. Koller).

Die Aufsicht über das Gebäude besorgt der Hausinspektor (G. Schmierer).

In der astronomischen und Modellenwerkstätte arbeiten unter der Leitung des Werkmeisters Christof Starke 8 Mechaniker, 2 Modellenschlosser, 2 Modellentischler, 1 Rohrzieher und 1 Radtreiber.

Das Dienstpersonale besteht aus einem Kabinetsaufscher, einem Kanzleidiener, 2 Bibliotheksdiener, einem Portier, 7 Saldiener und 12 Hausknechten.

c) Aeussere Verhältnisse des Institutes. Dasselbe untersteht unmittelbar der Landesregierung u. mittelbar dem Staatsministerium.

Die Schüler und Hörer des Instituts sind nicht nach denselben Modalitäten militärfrei, als jene an der Universität.

Ob auf die Zeugnisse des polytechnischen Instituts bei Anstellung in Staatsdiensten besondere Rücksicht genommen werde, ist unbekannt.

Das polytechnische Institut hat den Charakter einer technischen Behörde in vielen Fällen.

d) Sitzungen. Diese finden auch jetzt noch in der in der „Verfassung" angegebenen Weise an Mittwochen statt. Oeffentliche Verhandlungen am Ende des Jahres veranstaltet das Professorenkollegium nicht mehr und daher ist es auch nicht mehr üblich, dass die Hörer am Ende des Jahres Tentaminen halten.

e) Jahrbücher des polytechnischen Institutes werden nicht mehr herausgegeben.

f) Bibliothek. Diese ist unter den Bibliotheken der Monarchie überhaupt eine der wertvollsten und wird unter denselben mit Berücksichtigung der technischen Bedürfnisse wol die brauchbarste sein, wenn auch die Bibliotek des Joanneums an Bändezal diese bei weitem übertrifft. Sie zält nahezu 27,000 Bände, welche gut geordnet sind. Der Lesesal ist geräumig, kühl und viel schöner eingerichtet, als jener der Universitäts- und der Hofbibliothek. Die Benützung derselben im Lesesale steht Jedermann zu, nur ist sehr zu bedauern, dass den Hörern des Institutes der Gebrauch der Werke ausser demselben unter keiner Bedingung ermöglicht ist. Die Bedienung im Lesesale ist zufriedenstellend. Der auswärtigen Benützung der Bücher sind keine lästigen Schranken gesetzt und ist nur der erwänte Uebelstand hervorzuheben. Das Personale besteht aus einem Bibliothekar (Anton Martin), einem Skriptor und einem Amanuensis (Dr. F. Lukas) und zwei Dienern mit einem Aushilfs-Individuum.

Das jährliche Verlagsgeld ist 2100 fl.

Die Vermehrung geschieht auf den Vorschlag vom Bibliothekar oder den Professoren.

II. Das polytechnische Institut als technisches Museum.

Das polytechnische Institut ist in dieser Eigenschaft unbestritten eine der grossartigsten Unternehmungen. Jede einzelne Sammlung entspricht vollkommen ihrem Zwecke.

A) Die mineralogisch-geognostische Sammlung, wenn auch nicht so reichhaltig und wertvoll als das k. k. Mineralienkabinet oder die Kollekzionen der k. k. geologischen Reichsanstalt, ist bei einer musterhaften Aufstellung nach mehreren Motiven eine übersichtliche Darstellung der unorganischen Welt, welche vom pädagogischen Standpunkte aus wol nichts zu wünschen übrig lässt. Besonders schön und kompendiös ist die terminologische Sammlung. Einzig in ihrer Art sind die prachtvoll kolorirten Abbildungen einiger vorweltlicher Thierspecies von Professor Berger.

Das jährliche Verlagsgeld ist 420 fl.

B) Die Sammlungen von Zeichnungsvorlagen sind zwar bei allen Fächern für den Bedarf hinreichend, aber bei einigen wurde und wird darauf nicht zu viele Sorgfalt verwendet. Sie stehen theilweise unter der Aufsicht und Vorsorge der Assistenten. Für die darstellende Geometrie verwendet man jährlich 210 fl., für das gewerbliche Zeichnen 105 fl.

C) Die Warensammlung ist bei der unbedeutend geringen Dotazion von keinem Belang. Wie die betreffende Lehrkanzel, so wird auch sie trotz der Wichtigkeit beider stiefmütterlich behandelt. Jetzt ist wenigstens die Ordnung zu loben.

D) Die beiden Laboratorien, insbesondere jenes der allgemeinen technischen Chemie sind, obwol sie sich auf dem früheren Stand erhalten, im waren Sinne grossartig, und was Lokalitäten und selbst die Dotirung anbelangt, kaum übertroffen. Die allgemeine technische Chemie bezieht jährlich 1260 fl., die chemische Technologie 840 fl. Bei jener Lehrkanzel ist besonders der Besitz vieler und wertvoller Instrumente hervorzuheben.

Den Hörern des Institutes ist sowol in dem einen als dem andern Laboratorium Gelegenheit geboten, sich praktisch zu unterrichten.

E) Die mathematische Sammlung hat jetzt gar nur über 210 fl. zu verfügen. Für die praktischen Vermessungen werden 220 fl. verwendet.

F) Die Modellensammlung hat einen bleibenden Wert, wenn sie auch jetzt, da die Modellenwerkstätte unbegreiflicher Weise aufgelöst ist, sich nicht mehr wird so stark vermehren können. Auch für den Laien ist sie von grossem Interesse. Die Bestimmung, welche die Verfassung diesem Kabinete vindizirte, hat es nie erreicht. 1260 fl. sind als jährlicher Beitrag ausgeworfen.

G) Das fisikalische Kabinet giebt ausserdem, dass es dem Stande der Wissenschaft entspricht, ein Bild von den Fortschritten und der Entwickelung der Wissenschaft. Es ist sehr reichhaltig. Verlagsgeld 630 fl.

H) Die landwirtschaftliche Sammlung, seit 1852 bestehend, ist erst in der Entwickelung begriffen, wird aber, wenn das Verlagsgeld von 157 $\frac{1}{2}$ fl. nicht erhöht wird, keine besonders grossen Dimensionen annehmen.

Für die Exkursionen sind 200 fl. angewiesen.

J) Die Werkstätte. Die astronomische Werkstätte ist trotz den erwiesenen Leistungen ganz auf sich selbst angewiesen. Der leitende Werkmeister gab sich seit langer Zeit alle Mühe ein Verlagsgeld zu erwirken, — umsonst. In günstiger Zeit ist der Mangel eines solchen nicht so fühlbar, aber in den Jahren 1848 bis 1849, wo es keine auswärtigen Bestellungen gab, musste man eine Menge Kräfte entlassen, die Auflösung der Werkstätte schien unvermeidlich. Für Versuche fehlen vollends die Mittel, was gewis sehr zu bedauern ist.

Die Modellenwerkstätte nun hat sich aber vor 3 Monaten langem Siechthum gänzlich aufgelöst.

Ausser der oben besprochenen, noch nirgends übertroffenen Reichenbach'schen Theilmaschine, hat der Sohn des Werkmeisters G. Starke eine sehr sinnreiche selbst arbeitende Theilmaschine verfertigt, worauf er ein Patent erhielt. Ueberdies besitzt die Werkstätte viele Patente auf Nivellirinstrumente, Planimeter, Messtische etc., welche Instrumente sämmtlich von auch vom Ausland anerkannter Qualität sind.

Es wäre also nichts zu wünschen, als eine grössere Aufmerksamkeit auch für diesen integrirenden Bestandtheil des Institutes, welcher einen sehr grossen Antheil an dem guten Rufe desselbes hat, damit die Werkstätte zur Vervollkommnung und

Einführung mathematischer Instrumente noch mehr thun könne, als sie schon bei dem Angewiesensein auf sich selbst thut.

K) **Das technologische Kabinet.** Zu dem was über dasselbe im vorigen Abschnitte gesagt, ist kaum etwas hinzuzufügen, ausser, dass dem Kustos kaiserlichen Rath R e u t e r der ehemalige supplirende Professor Baron K u l m e r als Adjunkt für den Dienst im Kabinet zugetheilt wurde.

Nun wäre es vielleicht nicht unpassend einige Fragen zu stellen, deren Beantwortung von Wichtigkeit ist. Z. B. Hat das polytechnische Institut die nach dem gegebenen Plane möglich höchste Stufe erreicht? War dies früher oder ist dies jetzt der Fall? Entspräche die selbst auf der höchsten Stufe der Ausbildung nach der ursprünglichen Verfassung getroffene Einrichtung den Bedürfnissen unserer Zeit? Warum nicht? Ist die Verfassung theilweise oder ganz abzuändern? Ist diese Aenderung ohne bedeutende Kosten, und in kurzer Zeit ausführbar? Warum geschah sie nicht schon lange, da sie dringend notwendig ist? Hat der Techniker Hoffnung, dass eine neue Organisirung mit den grossartigen, herrlichen vorhandenen Mitteln recht sehr bald bewerkstelligt werde, auf dass der europäische Ruf, den unsere Anstalt besitzt, nicht verloren gehe, dass der Schmuck der Residenz, eine Zierde des Vaterlandes, sich nicht verwandle in eine warnende Ruine aus alter Zeit?

Die Beantwortung einiger dieser Fragen geht aus der vorliegenden Schrift durch Anwendung einfacher Funkzionen mit mathematischer Gewissheit hervor.

Die Beantwortung der andern hingegen überlasse ich dem Leser mit dem einzigen Wunsche, sie möge ihm zu seiner Befriedigung gelingen.